U0818761

静心教书　潜心育人

——基于高中生核心素养提升的探索

沈巧妮　著

中国海洋大学出版社
CHINA OCEAN UNIVERSITY PRESS
·青岛·

图书在版编目（CIP）数据

静心教书　潜心育人：基于高中生核心素养提升的探索 / 沈巧妮著. -- 青岛：中国海洋大学出版社，2025.3

ISBN 978-7-5670-3262-0

Ⅰ. ①静… Ⅱ. ①沈… Ⅲ. ①高中-教学研究 Ⅳ. ①G632.0

中国版本图书馆 CIP 数据核字（2022）第 167601 号

静心教书　潜心育人　——基于高中生核心素养提升的探索

JINGXIN JIAOSHU QIANXIN YUREN —JIYU GAOZHONGSHENG HEXIN SUYANG TISHENG DE TANSUO

出版发行　中国海洋大学出版社

社　　址　青岛市香港东路 23 号　　**邮政编码**　266071

出 版 人　刘文菁

网　　址　http://pub.ouc.edu.cn

电子信箱　2627654282@qq.com

责任编辑　赵孟欣　　**电　　话**　0532-85901092

印　　制　青岛国彩印刷股份有限公司

版　　次　2025 年 3 月第 1 版

印　　次　2025 年 3 月第 1 次印刷

成品尺寸　170 mm × 240 mm

印　　张　10.75

字　　数　181 千

印　　数　1~1000

定　　价　49.00 元

订购电话　0532-82032573（传真）

发现印装质量问题，请致电 0532-58700166，由印刷厂负责调换。

目录

上卷：英语教学核心素养研究与实践

下卷：教育管理核心素养思考与方略

主持“做能给学生带来幸福感的老师”班主任论坛

主持高三学生毕业典礼

全员育人导师制启动仪式上发言

第八届全国中小学互动课堂教学说课比赛一等奖

带领学生到党史馆参加思政一体化联盟成立仪式

青岛市高中英语新课程标准、新高考学习骨干教师培训课例展示

澳大利亚黑利伯瑞学校校长尼古拉斯颁发 VCE 课程指导教师聘书

在澳大利亚黑利伯瑞学校参加 VCE 课程培训

英国希尔斯学校课堂教学

在英国希尔斯学校教授学生书法

青岛市中小学生涯规划示范校督导检查中汇报工作

为学生颁发运动会奖牌

植树节与“彩虹志愿者”共同植树

参加高考“百日誓师”
主题班会

青岛市城乡交流课课堂

在食堂与学生共进晚餐

课上辅导学生

信息化教学课堂

深入课堂听课中

上卷：英语教学核心素养研究与实践

基于学科核心素养的高中英语名著阅读探索与研究

2018年教育部印发《普通高中英语课程标准（2017年版）》（以下简称《课标》），在考试大纲中，着重明确了高考"考什么"，即必备知识、关键能力、学科素养、核心价值。《课标》提出了英语学科核心素养的概念，包括语言能力、文化意识、思维品质和学习能力。《课标》中的英语学科核心素养框架打破了学科壁垒，将语言、文化、思维综合起来，为实现学科与人提供了理论基础（王蔷，2019）。由此可知，新《课标》中学科核心素养的内涵更加宽泛，对于学科核心素养的考查，将是今后高考的重要内容，也将成为当下英语教育教学亟须思考并及时调整改进的重要问题。那种背背单词、刷刷语法题加上有限的课本阅读的传统英语学习模式都已经无法适应当下的形势。

一、高中英语名著阅读的重要性

随着新高考英语改革的不断推进，2020年山东高考英语以新的形式呈现，这对学生综合英语能力的培养，特别是对阅读和写作能力提出了更高的要求，使英语回归到了"交流工具"的本质，更加强调学生的应用能力。而高中学校的阅读课教学大都是碎片式阅读，精读研究较深，要么翻来覆去地研读课本，阅读量少，要么让学生大量做题，极大地限制了学生学习英语的兴趣和阅读能力。写作课教学更是蜻蜓点水，教师和学生重视度不高，学生练习写作的机会和老师的指导相对较少，学生的写作模式化严重，也极大地限制了学生语言应用能力和思维能力的发展。

在中学英语文学阅读教学过程中，选择经典文学作品，不仅可以使学生接触真实、经典的语料，促进语言学习，而且可以使学生在欣赏文学美的过程中领会作品中的语言魅力、情感魅力以及思想魅力，培养学生的逻辑思维、批判性思维和创造性思维，提升学生的阅读素养、思维品质、文化意识以及学习能力等（程岚，2019）。可以看出，原汁原味的英语名著阅读有助于提升学生的学科核心素养，使学生整体英语水平大幅度提升，这也更加符合"培养全面发展的人才"的要求，使教师在教学实践中将英语学科核心素养培养得到有效落实。

二、英语名著阅读实施探索

学校英语教研组从2021年开始深入挖掘英语核心素养的内涵，以培养学生的语言能力、文化意识、思维品质和学习能力为目标，开始了英语名著阅读的探索与研究。从最初的理解名著内容、话剧表演，激发学生阅读名著的兴趣，渐渐指导学生向鉴赏名著、缩写续写名著过渡，提高了学生的语言应用能力和写作水平，使学生形成了正确的世界观、价值观和人生观，提高了文明素养和社会责任感。

1. 名著的选择

英语名著的选择，采取教师指定书目和学生自主选择相结合的方法。学校图书馆给学生们准备了丰富的英语原版名著，不仅有书虫·牛津英汉双语读物、剑桥双语分级阅读的小说馆、轻松英语名作欣赏等系列丛书，还有莫泊桑、欧·亨利、马克·吐温短篇小说集，更有《老人与海》《呼啸山庄》等长篇小说。老师根据学生的不同年级、不同水平，选取合适学生阅读的材料进行教学。教研组老师固定每周一节课带领学生读名著、品名著，学校里掀起了一股看英语名著的热潮。

教师在文本的选择上突出易读性，不能让词汇成为拦路虎。因而，高一年级主要选取名著简写本、双语本，或者一些短篇小说。为了便于学生阅读，教师适当以课程标准中要求高中阶段掌握的词汇替换一些高难词汇，留下个别可以根据语境进行猜测的词汇，作为学生提高语境下单词学习的手段。

2. 名著的阅读

阅读的教学活动通常分为读前、读中和读后三个阶段，读前主要是导读和自读，读中聚焦理解和分享，读后关注表达和运用。

（1）读前导读与自读

学生拿到文本后，教师便可以根据小说的四要素人物、时间、地点、事件等来布置任务，以便在学生自主阅读后进行课内分享，帮助学生理解作品的情节和主题。教师进行导学案的印制，提前发给学生阅读和填写，其中包括小说事件的开端、发展、高潮、结局，作家作品背景以及人物分析、精彩语句或段落赏析等。学生自主阅读小说，绘制小说主要内容的思维导图，小组合作查阅资料找寻作家作品背景制作海报，小组改编剧本分角色排练话剧等，总之每个学生都动了起来，分工明确，学习主动性高。课前老师收集学生的导学案进行批阅，提出修改意见，上课时教师有针对性地进行讲解。课上让学生展示他们的作业，其他同学可以根据展示提出问题。学生还可以自己提出问题，拿到课上大家交流讨论。课前有效的阅读，激发了学生阅读的兴趣，充分发挥了学习主动性，培养了他们合作和整合资料的能力。

（2）读中理解与分享

① 课上分享与讨论

名著的理解分析以讨论、分享为主，讨论是针对所读作品某一问题或信息，小组成员发表意见，同伴间交流看法和意见。学生通过“文学圈”同伴互评以及相互提问、讨论质疑，深化知识学习和语言技能发展，促进文化感知能力和品格塑造，提升思维品质和语言学习能力（王蔷，2016）。分享的内容包括人物分析、情节分析、解析难懂的语句和段落、谈论阅读心得、换位思考、预测下章节等活动，一些是课前预习的分享，一些是课上的讨论与分享。师生互动式分析，常见的问题有：

·哪个人物给你留下了最深的印象？为什么？

·你认为故事中最有意思的语句、段落或者章节是哪个？为什么？

·假设故事发生在现在，你认为结局最有可能是什么？

·如果让你续写故事，你会如何写？

② 名著的语言鉴赏

学生课外阅读的时间还是有限的，在课堂上要保证一定的阅读量，除了理解名著的内容外，还要去品读名著的语言，分析人物的性格，体会小说作者笔下灵动的文字、巧妙的构思以及恢宏的思想和写作背景，并通过课堂上精读和出声朗读的阅读形式去体现。让学生阅读一些重点章节、重点段落，让他们一起阅读品读分享，要给学生读出声的机会，让学生展示自己独特的语音和语调，品味人物的内心世界，带领学生诵读出经典文学作品的魅力；还可以结合一些主题来读，比如让学生读人物对话、读人物描写、读景物描写、读心理描写、读最喜欢的段落。读的地点也可以做适当的变动，除了在教室读以外，还可以到图书馆甚至校园里读，读的形式除了有声朗读外，还有默读、分角色朗读、朗读接龙等不同的阅读形式。

（3）读后表达与运用

① 名著的改编表演

阅读完名著部分章节或故事后，根据具体情况让学生观看该书的电影等其他艺术形式的片段或全部，或让学生选取部分章节改编成剧本，让他们尝试表演。学生分工明确，小组自愿报名领任务，有的同学演人物角色，有的同学改写剧本，有的学生当导演，有的学生负责旁白，有的学生负责剧务，尽可能多地让学生们动起来，参与进来，锻炼学生们对名著的把控能力，增强他们的组织协调能力和自主学习能力。经过学生们的分组排练后，课上再集中分组表演他们选取的章节或精彩片段，学生甚至还可以通过手机拍摄，记录下表演过程，再拿到课堂上和同学一起分享。实践中表演的有效体现，一方面需要学生对文学作品的有效把握，另一方面还需要学生表演能力的提升，需要老师的指导与协助。现在看来，国外中学开设的戏剧课选修课，有专业的老师指导，不无道理，的确可以锦上添花。

② 名著的拓展写作

在充分阅读理解了名著的内容、人物、主题思想，鉴赏了语言魅力后，学生可以进行缩写、扩写、写书评及续写等。教师要给予文章结构、语言运用、写作技巧等方面的指导，并通过学生范文的分享与互评，让学生更加明确写作存在的问题和今后的努力方向。评价可以采用教师评价与学生互评相结合的方法，更有利于学生进行自我反思，提高写作水平。名著阅读的拓展写作与高考改革的英语新题型紧密挂钩，名著阅读基础上的拓展，更能激发学生的学习和习作兴趣，更能让学生细细品味和学习名著的语言魅力，也必将大大开阔学生的视野，培养学生的文学素养。

三、名著阅读研究成效

英语名著阅读的实践和探索拓宽了师生的英语阅读范围，更推动了英语教师以学生核心素养为中心，进行教育教学方式的变革。学生的英语阅读和写作水平都有了大幅提高。

1. 文本内容多样，培养阅读兴趣

调整英语课时结构，每周固定时间让学生阅读英语名著，教师带领学生精讲精读，给予学生阅读方法的指导，提高学生学习英语的兴趣。在教学中重视学生核心素养的培养，多渠道大容量阅读，并进行扩写、缩写、概要写作、续写等写作练习，培养学生的语言综合能力和文化素养。

2. 阅读任务明确，引导学生自学

教师通过课前导学案的分发，让学生明确阅读任务，使学生知道从哪些方面去了解、鉴赏小说；课前通过小组话剧表演练习，学生反复研读小说充分理解；课上学生信息整合、充分讨论，深化对小说的理解。鼓励学生从名著中获得新知，感知并理解语言所表达的意义和名著所承载的文化价值取向。

3. 读写习惯养成，实现终身学习

阅读从某种意义上说是写作的“彩排”，阅读材料提供了彩排的道具（郭强，2016）。英语名著的阅读与写作改变了传统单一的、枯燥的英语读写，通过课前、课上、课下的充分、多方位、多角度阅读，扩大学生的知识面，了解文化差异，让学生对英语学习产生兴趣，养成阅读的好习惯，从而愿意多动手、多动笔写作，为学生国际视野、终身学习、终身阅读打下基础。

4. 活动丰富多彩，提升思维品质

通过读书交流会、英语话剧节等丰富的活动多形式推进阅读，学生提升了分析问题和解决问题的能力，从跨文化的视角观察和认识世界，对事物做出正确的价值判断，促进深度学习，提升英语学科思维品质。

5. 评价形式改变，多维度评价

改变单一的一张英语试卷检测的形式，平日里的英语名著阅读与写作等都可以通过检测并计入期末成绩，对学生英语学习进行过程性督促和评价。教师要在教学中帮助学生主动参与学习活动并尝试自我评价和同伴互评，在体验自主学习、合作学习和探究式学习的过程中学会学习，提高学习能力。

四、思考

名著阅读引入课堂，弥补了当下英语基础教育重工具性轻人文的不足。读一本完整的书，也改善了当下碎片化阅读的局面。名著阅读融入教学中，还存在着课时合理安排、课内知识与课外知识合理分配，学生排练时间安排、学生表演技巧提高，文学作品语言技巧及特色的挖掘、老师的文学素养提升等问题。学生读名著，老师更要读名著、读原著，老师要有一桶水甚至几桶水的阅读量才能更好地灌溉学生们。

文学的价值是永恒的，是陪伴我们一生的力量。让我们的学生在诵读经典时提升学科核心素养，同时也让他们体会到人生的意义，找到人生的方向。当学生们从课堂走入社会以后，依然能在文学的感召下砥砺前行，成就文学名著阅读最根本的意义。

高中英文名著阅读教学之策略探讨

人天生都是爱听故事的，名著是来源于生活又高于生活的故事。而且名著之所以被选为名著，是因为名著有值得深究的人生哲理，能够对学生们的生活和人生产生启迪作用。高中英语名著有《爱的教育》《飘》《格列佛游记》《呼啸山庄》等。这些名著都是为高中生专门选取的，适应高中生的心理和认知特点，让他们能在故事中得到人生启迪。

一、高中英语名著阅读现状

在学习英语过程中，教师们并没有过多注意阅读文学名著。有的老师直接跳过，有的直接让学生阅读，只有少数教师更注重阅读文学名著。外研社要求教授《威尼斯商人》、《百万英镑》、《窈窕淑女》（《皮格马利翁》）。有些老师会让学生看两部电影《百万英镑》和《窈窕淑女》，并自行表演。然而，许多老师认为阅读古典文学课很慢，没有做语法题、完形填空题、阅读理解题、选择题来得快且重要。因此，他们不想浪费时间开课带领学生阅读英语文学中的经典。

二、高中生阅读英语名著的重要性

在高中英语教学中，很多老师和学生都有着功利主义思想。有的教师注重应试教育，在教学中缺乏对英语文学的引导和教育，导致学生英语学习缺乏实际效果。各种名著不仅讲述了简单的故事，还蕴含着历史、哲学、人文、文学等诸多方面的素养。它们是英语语言学习以及跨文化、跨学科交流和学习的宝库。英语名著阅读能将读者带进一个英语语境中，不仅可以提高学生学习英语的效率，培养学生对英语环境的认识和理解，还可以通过在名著中讲故事来积极影响学生的思想和价值观，培养适应时代需要的学习者。此外，充分、明智地运用古典英语阅读，长期阅读古典英语文学，可以帮助学生培养语感，提高学生的英语语言水平；能够激发学生强烈的英语学习兴趣和欲望，提高学生用英语表达、应用、理解和解释思想的能力，达到培养学生全面素质的学习目标。

三、高中英语名著阅读的策略

1. 课堂教学设计要注重阅读鉴赏与文化渗透的关系

高中英语课程显著提高了跨文化交流和学习的广度，教师应根据学生的年龄特点和认知能力，逐步拓展文化知识的内容和范围，运用多种教学策略，提高学生的英语综合知识水平。从广义上讲，文化背景知识是从古典文学作品中获得的。教师应通过有效的课堂设计，培养学生欣赏文学作品的能力，培养良好的阅读能力。文学作品只有经过读者的阅读和评价，才能实现其价值。在学习过程中，学生要充分了解文学作品的特点，并根据自己的特点进行阅读和评价。在阅读过程中，教师要引导学生从情节、人物、环境三要素入手，让学生了解每篇文学作品的背景故事，并加深理解。为此，教师可以结合多媒体等方式来引起学生的兴趣，让学生做好阅读每一部文学作品的准备。

2. 调动学生积极参与，尊重学生的学习主体地位

尊重学生的学习主体地位是名著阅读教学改革的前提。在阅读英语文学名著过程中，教师要改变传统的教学模式，以平等的姿态在课堂上与学生加强沟通和交流，在为学生营造出自由宽松的课堂学习气氛的前提下让学生有充足的时间去深入阅读和思考、揣摩文章。而且，教师应该鼓励学生在日常阅读训练中多阅读不同题材、不同风格、不同领域的文章，同时教师也要搜集一些国际重大事件或者故事性强、欧美文化信息量大的文章，让学生定期浏览，鼓励学生精读与泛读并举，使其增强文化知识储备。教师只有在尊重学生的学习主体地位前提下，才能在课堂阅读教学中让学生充分发挥其潜力，才能调动起学生的学习热情。

3. 紧扣原文，品味名著

在 *Oliver Wants More* 一文中，例如，救贫院（workhouse）是英国十八九世纪开办的一些机构，帮助那些生活在社会边缘的人，教师要让学生去了解 workhouse 的环境，主人公 Oliver 所处的生活背景，台词“Please Sir, I want some more”的语气，以及 Master, Mr. Bumble 和 Mr. Limbkins 等人物语言、肖像和心理描写。起初的理念是出于慈善之心，好好照顾那些需要帮助的贫民，为他们提供工作，但是，事实上，很多收容在贫院内的人都受到剥削和无情的对待。

4. 培养语感阅读，增强学生口语表达能力

经典名著为读者呈现了不同时代、不同国家、不同社会阶层的不同人物以

及不同风俗习惯，经得起时间的考验。从易懂的经典开始，逐步升级到高级经典，以提高学生的阅读水平。美国教学专家克拉申指出，学生学习外语的前提是语言材料可能只略高于他们的语言理解水平。

5. 为阅读做好准备

阅读教学实践表明，制约学生阅读能力发展的一个重要因素是他们的语言知识储备水平。学生在阅读英国文学名著之前，必须积极扩充词汇、语法和文化知识，然后再阅读。在词汇、语法和文化三类知识中，词汇对阅读的影响最大。精通认知策略的学生会在日常英语学习中积极积累词汇，为阅读做好“素材”储备。学习和记忆英语词汇是一项非常具有挑战性的学习活动。

6. 制订阅读计划，尤其是课外阅读计划

常规阅读可以让学生更专注、让阅读更有效，避免训练的盲目性和随机性。在高中阅读和教授英国文学经典时，教师可能会挑选一些经典供学生阅读。通过科学安排阅读时间和阅读量，精心定制阅读环境，帮助学生提升阅读体验。有老师提出，在安静的环境中，高中生每周进行 4~5 次课外阅读训练，每次阅读 1000 词的经典书籍大约只需要 30 分钟，有助于不断提高学生的阅读能力。计划应分为短期和长期，可用于日常阅读任务。最终，每个学期、每个学年，甚至高中的整个阅读阶段，学生都必须在老师的指导下，根据自己的实际情况制订合适的阅读计划。

7. 开展阅读竞赛活动，培养学生的长期阅读兴趣

（1）在阅读比赛中，学生必须描述英国文学名著中的精彩内容、精彩对话和经典句型，并一一写下来。

（2）学生读完每部作品后，选择故事中的一个人物，在课堂上对该人物进行简短的介绍，以提高学生对作品的理解，提高写作水平。

（3）在课堂上，老师是裁判，学生是比赛参与者，在规定的时间内完成阅读比赛，提高学生的表达能力。

（4）全校举办“我最喜欢的英国文学名著”活动。

（5）每月组织一次“读名著和表演名著”活动。

通过这样严密的安排，学生可以获得英语文学名著世界的知识，教师在学期结束时通过学生问卷调查反馈学习成果，并立即纠正不恰当的教学方法。实践证明，英语文学名著阅读教学对激发学生的学习兴趣、提高阅读速度和能力具有重要作用。

四、思考

总而言之，在英语学习中，名著阅读的作用不容置喙，它是一个长期且有效提升英语词汇量、阅读、写作水平的方式。此外，通过阅读英文名著还能够开阔学生的视野，使学生了解西方地道文化和表达方式，培养学生的跨文化交际意识。仅以本文献给全体高中生，愿英文名著能给他们带去人生启迪，激发英语学习兴趣。

基于英语学习活动观的高中英语名著读后续写探究与实践

——以《麦琪的礼物》课为例

2018年教育部印发《普通高中英语课程标准（2017年版）》（以下简称《课标》）提出了英语学科核心素养。素养主要包括语言能力、文化意识、思维品质和学习能力（教育部，2018）。那么该如何提升学生的英语学科核心素养？《课标》指出了以培养学科核心素养为中心的英语学习活动观，明确了活动是英语学习的基本形式，是学习者学习和尝试运用语言理解与表达意义、培养文化意识、发展多元思维、形成学习能力的途径。英语学习活动的设计应以促进学生学科核心素养的发展为目标，围绕主题，通过学习理解、应用实践、迁移创新等层层递进，开展语言、思维、文化相融合的活动（教育部，2018）。

英语阅读对于提升学生核心素养会起到关键性的作用（王蔷，2017），而文学作品是英语阅读的核心，具有发展语言和思维的特殊功能（黄振远，2015）。随着教育改革的深入推进，教师越来越意识到文学作品阅读的重要性。在中学英语文学阅读教学过程中，选择经典文学作品，不仅可以使学生接触真实、经典的语料，促进语言学习，而且可以使学生在欣赏文学美的过程中领会作品中的语言魅力、情感魅力，提升学生的阅读素养、思维品质、文化意识以及学习能力等（程岚，2019）。笔者所在学校教研组开始了英语名著阅读的探索与研究。以英语活动观为指导，把名著阅读到读后续写有机结合，摸索出一套导—学—读—写—评的教学模式，帮助学生在活动中习得语言知识、创造性地表达个人观点、运用文化知识和语言技能，形成了正确的价值观念和积极的情感态度。

一、基于英语活动观的英语名著读后续写实践

1. 课例背景

在新高考改革背景下，为了更好地推进与落实新课程标准，青岛市教育局在青岛即墨市实验高中举行了2019年青岛市高中英语新课程标准、新高考学习骨干教师培训会。笔者以身试水，以培养学生的学科核心素养为目标，以新课标中的英语学习活动观为抓手，从英语名著入手，进行读写结合的导—学—

读—写—评教学模式的大胆尝试，受到了山东省教研员陈元宝老师及与会领导和老师们的赞扬（图 1）。

图 1　青岛市高中英语新课程标准、新高考学习骨干教师培训会上
笔者进行《麦琪的礼物》名著阅读课例展示

2. 教学分析

（1）教材分析

《麦琪的礼物》是美国著名短篇小说家欧·亨利的一篇短篇小说，讲述了一段凄美的爱情故事。主人公 Della 和 Jim 这对年轻的夫妇过着贫苦的生活，为了在圣诞节送给对方最珍贵的圣诞礼物，各自变卖掉了自己最珍贵的长发和金表，而当双方拿到精美的梳子和白金表链时，发现彼此的圣诞礼物已经毫无用处了。小说反映了 19 世纪美国处于社会下层小市民的艰苦生活，让我们感叹他们悲凉生活的同时，不禁为 Della 和 Jim 对彼此深深的爱所打动。

小说内容跌宕起伏、情节感人，字里行间体现了爱的主题，学生感兴趣，便于阅读。但是小说的英语原版有 3500 词，对于高一的学生来说有些篇幅长，而且出现了大量的生单词。为了让学生更顺畅地读下去，笔者搜寻到了 1450 词的简易版，并对部分新课标外的生词进行了中文标注，学生阅读难度大大降低，从而更便于阅读和理解。为了方便学习和讨论，笔者把小说的每一段做了序号标记，学生是在无论课下还是在课上，都可以既快又准地找到相应的单词与语句。

（2）学情分析

从高一下学期开始，笔者带领学生以英语学习活动观为指导，运用导—学—读—写—评的英语名著学习教学模式，引导学生阅读与写作。高一学生精力充沛，接受新事物快，具有一定的词汇量和理解能力，与其他年级相比也有更多的自主阅读时间。通过课前教师的导和学生的自主学、课上高效的再读与写作，引导学生读懂、读透小说，培养学生的思维品质、表达能力、独立思考能力和人文素养。

（3）教学目标

教师明确教学目标，可使得名著阅读写作课更加有的放矢与高效，学生也应该在课前及时了解和明确目标。该课学生不仅能读懂《麦琪的礼物》这篇小说，而且可以了解小说背景和作家欧·亨利的生平经历及小说的三要素：人物、环境、情节；能够品读小说的语言意境，挖掘人物性格与小说主题；学会运用所学写作手法和语言进行内化语言的输出—续写，最终取得读写结合的最佳效果，提升学生的英语学科核心素养。

3. 教学过程

名著阅读课重在文本的阅读和理解，使学生在亲近文本的过程中，构建自己对文本的理解（傅山云，2012）。学生对文本的理解不仅靠教师的指导、导读，更需要学生课下与课上自主的阅读，两者相辅相成，缺一不可。教师可以通过课前导—学、课上读—写—评相结合的方式，运用英语学习活动观，展开英语名著阅读读后续写教学。

（1）课前（学习理解）

① 导——教师引导学生阅读

活动 1：课前一周教师印制文本与导学案发给学生，学生以导学案作为引导，进行自主阅读、查阅资料等学习。

【设计意图】学生以导学案为自主学习的抓手和指导。在查找作家信息时，学生知道从作家的生平、生活、写作风格、主要作品入手；在查找作品背景时，知道从作者背景和社会背景入手；对于小说内容，学生知道要了解小说的三要素：人物、环境、情节，情节又要从开端、发展、高潮、结局四方面入手。

② 学——学生自主阅读

活动 2：学生上网查阅作家、作品背景，以小组为单位制作手抄报；阅读全文后制作出思维导图；分组改编剧本进行话剧表演的练习；阅读导学案中的句子，完成练习和对作品的初步理解。

【设计意图】课前任务明确，学生知道从哪些方面去了解鉴赏小说，通过话剧表演，学生反复研读小说充分理解。自主学习活动中，既有学生个人的自主学习，也有小组间协作活动，有助于培养学生独立思考、自主学习和小组合作的能力。

(2) 课上（应用实践）

① 读——赏读、精读

活动 3：头脑风暴

学生联系生活，自由谈论有关礼物的话题，开拓学生思维，锻炼表达能力，从而引出名著谈论的话题。

Q1：What is your favourite gift you have received?

Q2：Who gave it to you?

Q3：Why do you like it best?

【设计意图】礼物这个话题贴近学生生活，同时，又和《麦琪的礼物》故事相关，容易启发学生思维，打开他们的话匣子，起到课前热身和引出故事的作用。

活动 4：学生展示作家作品背景（获取与梳理）

课前学生上网查阅作家欧·亨利的生平、主要作品、写作风格以及作品《麦琪的礼物》的写作背景，并小组合作制作手抄报。课上以小组为单位进行展示，其他小组进行补充。（图 2）

【设计意图】引导学生明确文学作品的内容是和作家的经历、当时的社会背景紧密相关的，能反映当时社会现状和作者的内心感情。

图 2 学生绘制的作家、作品简介手抄报

活动 5：梳理小说三要素（获取与梳理）

让学生用小说的三要素——人物（character）、环境（setting）、情节（plot）来绘制思维导图（mind map），课上学生展示交流。（图 3）

novel
- Setting
  - *When*
  - *Where*
- Character → *Who*
- Plot
  - *Beginning*
  - *Climax*
  - *Development*
  - *Ending*

【设计意图】锻炼学生有效利用思维导图掌握文章的结构和内容，培养学生的概括能力，这也是一种有效的阅读方法。

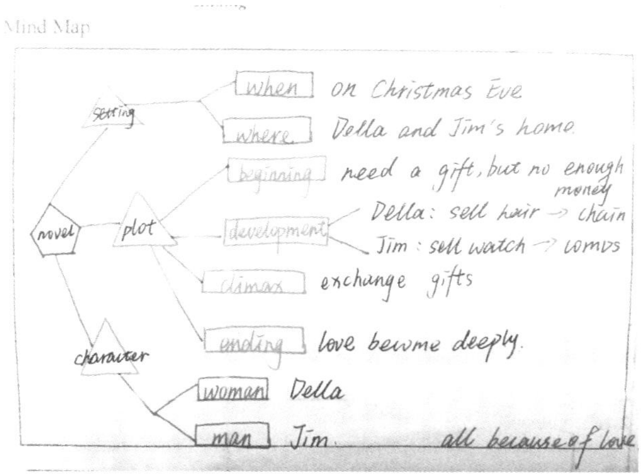

图 3　学生绘制的小说内容思维导图

活动 6：话剧表演（应用实践）

对于戏剧和小说类文章，教师可以用角色扮演、互动活动或影视欣赏等形式让学生体验角色的丰富内涵（陈永芳等，2014）。课前教师让学生自己改编剧本，经过排练和教师指导，上课时更好地分角色表演，提高话剧水平和质量（图 4）。

【设计意图】学生自编自导自演话剧，把主人公 Della 和 Jim 的凄美的爱情故事演绎得鲜活动人。话剧表演让学生反复研读名著，体会人物的动作、表情与神态，锻炼了学生的语言、表演、协作能力，给全体师生留下了深刻的印象，更加深了对文本的理解。

图 4　学生表演话剧

活动 7：名著赏析（概括与整合）

教师从文章中挑选典型的句子，引导学生通过词、短语、句子去感受主人公的感情变化，层层深入地引出小说主题，同时让学生归纳写作手法，并能从小说中找出其他相同用法的句子。

表 1

描写 (descriptions)	句子 (sentences)	问题 (questions)	情感 (emotion)	用法 (uses)
环境描写 (surroundings)	She stood by the window and looked out unhappily at a gray cat walking along a gray fence in a gray back yard.	(1)Why did O·Henry' use the color gray for three times? (2)What did he want to show?	sad, desperate, disappointed, upset, helpless	学习使用环境描写去烘托人物的内心世界，尤其是使用像 gray, brown 等颜色的词，正如王国维所说"一切景语皆情语"
外貌描写 (appearance)	(1)So now Della's beautiful hair fell about her rippling and shinning like a cascade of brown waters. (2)On went her old brown jacket;on went her old brown hat.	(1)Which words are used to describe Della's hair and what did author want to show? (2)Can you find some other appearance description?	beautiful, proud, poor, sad, upset	通过描写 Della 的头发 rippling, shinning, cascade of brown waters，能看出 Della 头发的漂亮与珍贵。通过描写她的衣服和帽子 old 能看出家境的贫穷，同时能看出她的不舍与伤心
神态描写 (expression)	Her eyes were shining brilliantly, but her face had lost its color within twenty seconds.	(1)Which words are used to describe Della's eyes and face and what did author want to show? (2)Can you find some other expression description?	proud, pleased, no choice, give up, sad	通过描写 Della 的眼睛 shining brilliantly 和脸 lost its color，能够看出她想卖掉头发换取礼物时的激动、兴奋与不舍

（续表）

描写 (descriptions)	句子 (sentences)	问题 (questions)	情感 (emotion)	用法 (uses)
心理描写 (feeling)	(1)Rapidly she pulled down her hair and let it fall to its full length. (2)She held it out to him eagerly upon her open palm.	(1)Why did O·Henry use the adverbs "rapidly" and "eagerly"? (2)What did he want to show?	sad, helpless, comfort	通过 rapidly,eagerly 等副词的使用，能够看出 Della 急切的心情。引导学生找出修饰动词的副词，了解副词的修饰作用，是为了反映人物的心情
动作描写 (action)	(1)There was clearly nothing to do but flop down on a shabby little couch and howl. (2)Della leaped up like a little singed cat and cried,"Oh, oh! "…	Find Della's tears in the story,and what can you learn from her tears?	(1)sad , disappointed, worried, upset, desperate, helpless (2)moved, appreciative	引导学生找出 Della 在文中的四次哭，每次都是不用的原因与心情，但最终都是因为他们间真挚的爱，一步步地往主题上探讨与升华
语言描写 (dialogue)	"You've cut off your hair? " asked Jim, laboriously "Cut it off and sold it", said Della. "Don't you like me just as well, anyhow? I'm me without my hair,ain't I? " Jim looked about the room curiously…	Read paragraphs 18–22 emotionally with your desk mate.	surprised, worried, sad, sweet	让同位分角色朗读 Della 和 Jim 间的对话，通过语言体会人物的内心世界，并声情并茂地朗读出来，让全体学生慢慢地体味

【设计意图】课上教师引导学生通过讨论等学生活动分析小说语言，深化对小说的理解，学生能自己归纳出环境、动作、心理、外貌、语言、神态等方面的描写手法，并懂得这些用法是为了刻画人物形象，为 Della 和 Jim 间淳朴而浓厚的“爱”这一主题服务的，同时也为后面的写作打好基础，做好铺垫。学生写作时就知道该如何下手，从哪些方面去刻画人物。

活动 8：主题探究

对小说主题进行讨论，并探讨为什么题目是“麦琪的礼物”，而不是“Della 的礼物”或“Jim 的礼物”？并一起诵读一首有关“爱”的小诗。

Love

Love is giving. Love is living.

Love is taking someone's load.

Love helps them along the road.

Love is caring. Love is sharing.

Love treats everyone as brothers.

Love will seek the best for others.

【设计意图】学生了解题目中的麦琪是来源于《圣经》故事——麦琪是耶稣出生时从东方来的三个贤人，他们的礼物代表了尊贵与圣洁——活动增强了学生文化意识的培养。学生联系生活展开讨论，学生懂得虽然 Della 和 Jim 生活在社会的底层，过着很贫穷的日子，但是他们心地善良，有着人世间最珍贵的真爱。活动引导学生树立正确的人生观、价值观与爱情观，培养学生的英语学科核心素养。

② 写——读后续写（内化应用、迁移创新）

活动 9：课上让学生分组续写其中的一段，每段的开头语已写好，提示学生尽可能采用前面归纳的写作手法，写好后进行课堂展示与分享，使学生语言应用能力得到提升，实现知识迁移创新。

【设计意图】让学生充分展开想象，将文本内化，运用所学描写手法，合情合理、创造性地续写故事，进行语言输出。旨在提高学生的写作水平，培养学生的创造性思维，提高思维品质，从而促进英语学科核心素养的形成。

③ 评——自评与互评

活动 10：让学生展示续写的文章，教师给出评分标准，根据标准采取生生评价与师生评价相结合的方式，引导学生进行自我总结和评价。

【设计意图】评是教师和学生对学生学习表现的评价，以检测学生的学习目标达成程度（崔允郭，雷浩，2015）。评分标准是学生的学习目标，也是学生学习的努力方向，通过学生自评、同学互评、老师评价等多种形式进行评价，旨在提高学生自我反思的能力。

表 2　读后续写评分标准

序号	标准及分值	5	4	3	2	1
1	内容合理,与所给短文融合度高,与所提供的各段落开头衔接合理					
2	内容丰富,情节生动,运用环境、表情、外貌、动作、心理、对话等描写手法,有主题思想					
3	语法结构和词汇丰富、准确,语句流畅					
4	有效地使用了词语间的连接成分,所续写短文结构紧凑					
5	卷面工整,字迹清楚,字数适当					
6	总分(满分 25 分)					

学生习作（胡瑞嘉同学习作展示）:

Paragraph 1:

On Christmas Day, snowflakes are floating outside the window. With the cold wind（环境描写）, the love was improved by their understanding of each other. Sitting by the table, Jim was staring at his girl happily（动作描写、心理描写）, "There is nothing that could make me love my girl any less" Jim sobbed（语言描写、动作描写）. Della put the food on the table, with satisfied smile on her face（动作描写、外貌描写）. There would never be tears in their eyes. This Christmas was so cold.However, their hearts were in warmth（对比手法，外貌描写）.

【评价】文章情节合理，语言流畅，充分运用本课学习的描写手法，cold wind 运用了环境描写，使用了 sit，stare at，put，sob 等动作描写，sob 动作描写这个词用得形象，文章还运用了语言描写，happily，satisfied 等副词、形容词的使用突出了人物的开心幸福，属于心理描写，又进行了外貌描写，刻画了主人公之间浓浓的爱，文中对主题 love 也有体现，尤其最后对比描写。但是如果放到第二段中深化主题会更好，happily 这个词的使用过于简单，可以替换为 delightedly，joyfully 等词，或是用短语 with shining brilliantly eyes 来修饰更加出彩。

Paragraph 2:

Five years passed, and Jim went back home. Della was standing in front of the mirror with beautiful combs in her hand（动作描写）. Her beautiful hair fell about rippling and shining like a cascade of brown waters（外貌描写）. However, she looked much older than her age after 5 years hard work. "Jim", said Della, whose voice seemed excited（心理描写）. “Look at this！” “See what?” “Your watch——yeah it is the one which you sold out five years ago. I could not imagine I can meet it again and buy it back for you . Now could you try it on? I want to see how it looks with the gold watch chain.（对话描写）” Jim tried it on with tears（神态描写）and it was a really beautiful gold chain（景物描写）.

【评价】文章内容合理，语言流畅，续写的情节给小说结局画上了圆满的句号，通过艰辛的努力，换取手表的失而复得，更见证了主人公纯真的爱情。文章运用了本课学习的描写方法，使用了 stand 等动作描写，对 hair 进行了描写，用形容词 excited 对人物内心进行了刻画，还运用了神态描写、对话描写等。最后的景物描写意犹未尽、意味深远，突出了主题，但是文章中使用了三个 beautiful 显得重复，我们可以用 charming，attractive，gorgeous 等词来丰富语言。

(3) 课下（创新迁移）

作业：读写结合

活动 11：让学生总结本课所学的内容，课下完成另一段读后续写。阅读欧·亨利另一篇短篇小说作为拓展。

【设计意图】课下学生继续发挥想象，进行创作，巩固提高写作能力，并让学生继续阅读欧·亨利的名著短篇作品，培养学生的英语阅读兴趣，提高学生的英语语言能力，养成读英语名著的良好习惯。

二、基于英语学习活动观的教学反思

英语名著阅读教学是我们英语教学改革的大势所趋，也是新高考改革落地生根的重要举措。采取多种形式的英语学习活动是培养学生核心素养提高的有效途径，作为英语教师我们都应该尽快行动起来，在英语学习活动观的指导下，不断探寻更多更有效的教育教学方法。基于该课，有以下的思考。

一是教师要善于运用多种手段和方法开展英语学习活动。

该课采用了思维导图、手抄报、话剧表演、讨论归纳总结等丰富多彩的英语学习活动，激发学生名著阅读的兴趣，完成对信息的获取与梳理、概括与整合、内化与运用，从而实现知识的迁移创新，教会学生在零散的信息和新旧知识之间建立关联，归纳和提炼新知识。

二是教师要引导学生有效进行自主学习、合作学习和探究式学习。

课前学生根据教师的问题和活动设计，自主地进行阅读，绘制思维导图，并利用网络资源查阅作家及作品背景，通过小组合作完成手抄报和话剧表演。课上通过赏析名著，充分地讨论探究，总结出小说细节描写的几种方法，实现了深度的学习。学生在活动中以自主、合作、探究的方式相互学习、相互促进，不仅知道了如何进行名著的阅读与写作，而且获得了知识、丰富了经验、发展了技能、提高了能力、养成了健康的人格，学习能力也有了极大的提高。

三是教师要引导学生的思维由低阶向高阶稳步发展。

教师引导学生从最初对小说基本内容的理解到小说写作手法的学习、主题的探讨，最后到写作的应用与实践。教师提出一些从理解到应用、从分析到评价的问题，引导学生思维从低到高发展，启发学生对语篇进行讨论与思考，从口头和笔头两方面表达个人的情感与观点，从而促进思维能力的提升。

四是师生评价、生生评价贯穿英语学习活动。

教师的教学活动应该有评价学生学习效果的过程，既有教师的评价，也有学生自我评价和同伴间的评价。教师要善于引导学生自己去总结评价，并运用这些标准去进行学生互评。对此，该课读后续写部分就体现得较为突出，学生通过自评、互评，拓展了思维，收获较大。此类英语学习活动培养了学生自主学习的能力，养成了自我反思的习惯，有助于使学生成为责任心强、有担当的人。

三、结语

英语名著阅读教学给高中英语教师提出了更高的要求，也给老师们带来了更大的挑战。名著阅读教学不单是一篇文章或一个语法点的讲解，英语教师需要阅读大量的文学作品、查阅大量的资料，有一桶甚至更多桶流动的水才可以驾驭课堂，这就需要英语教师不断地加强学习，提高自己的文学修养和文化素养。在教学设计上，英语教师要遵循英语学习活动观，以主题为引领，以语篇为依托，以培养学生的核心素养为目标，不断创新活动形式，深入研读文本，挖掘育人功能，具有反思意识和创新能力，才能更好地适应当前形势下的高中英语教学。

《麦琪的礼物》导学案

THE GIFT OF THE MAGI

Teaching Objectives

1. To learn about the author and background of the novel

2. To understand the story in aspects of setting, character, plot by using mind map

3. To appreciate the language, taste the emotion of the characters and know the theme

4. To learn how to describe the character and write the continuing story

Learning Procedures

Ⅰ. Free talk

Elicit the topic about gift through free talks

Ⅱ. The author O·Henry

1. Search for O·Henry's introduction, life, major works, writing styles and each group draw a mind map about the author.

Mind Map

2. Know the background of this story.

Ⅳ. Reading

Part 1 Preview the story

Draw a mind map about this story using the novel's 3 elements.

- novel
  - Setting
    - *When*
    - *Where*
  - Character → *Who*
  - Plot
    - *Beginning*
    - *Climax*
    - *Development*
    - *Ending*

Part 2 Role play the story

Act the story out and prepare the performance before class in each group.

Part 3 Appreciating the story

1. Description of ______________________

She stood by the window and looked out unhappily at a *gray* cat walking along a *gray* fence in a *gray* back yard. (P3)

Why did O·Henry use the color gray for three times?

What did he want to show?

2. Description of ______________________

(1) So now Della's beautiful hair fell about her rippling and shinning like a cascade of *brown* waters. (P7)

(2) On went her old *brown* jacket; on went her old *brown* hat. (P8)

What did he want to describe using the color brown?

Find other description of Della`s looks.

3. Description of ______________________

Her eyes were shining brilliantly, but her face had lost its color within twenty seconds. (P5)

4. Description of ______________________

(1) *Rapidly* she pulled down her hair and let it fall to its full length. (P5)

(2) She held it out to him *eagerly* upon her open palm. (P29)

What did he want to show using the adverbs "rapidly" and "eagerly"? Find other adverbs to describe the Della and Jim's action.

5. Description of ______________

Find Della's tears in the story, and what can you learn from her tears?

tears	sentences	feeling
1st		
2nd		
3rd		
…		

6. Description of ______________

Ⅳ. Writing

You are required to complete the story according to the requirements below

注意:

① 所续写短文的词语应为150左右;

② 应使用5个以上短文中标有下划线的关键词语;

③ 续写部分分为两段,每段的开头语已为你写好;

④ 续写完成后,请用下划线标出你所使用的关键词语。

Ⅴ. Read a poem about love.

Tips: Try to use different aspects we have learned to describe the character

Ⅵ. Assignment

Write a short passage about what is your feeling when you read the story. (150 words)

Writing

Paragraph 1:

On Christmas Day, snowflakes are floating outside the window.

Paragraph 2:

Five years passed, and Jim went back home.

《麦琪的礼物》设计思路

英语名著阅读教学是我们英语教学改革的重要转折点，是大势所趋，是新高考改革落地生根的重要举措之一，也是学生核心素养提高的有效途径之一，作为英语教师我们都应该尽快行动起来。

这不禁让我想到了十几年前我在教授“中澳班”学生的 VCE 课程 ESL 英语课程时的情景。国外的英语课没有教材，上课的内容是读原版英文小说和看英文电影，老师课上带领学生分析内容和人物，课下学生读小说，搜集素材并进行议论文（Argument）的写作，考试的内容也是对小说和电影进行写作。今天我们很欣喜地看到国内的英语教学更加与国际接轨，更加符合学生发展的规律，也能更加有效地提高学生综合素养，为学生的终身学习打下基础。

面对新高考改革，学校也开始了实践探索，每周一节的拓展阅读，如何更加有效地指导学生多阅读多写作成为我们实践的内容。以本堂课的名著阅读教学为例，有以下几方面的探索。

① 给学生抓手和引导。课前一周发给学生文本与导学案，学生以导学案作为引导，在查找作家信息时，学生知道从作家的生平、生活、写作风格、主要作品入手；在查找作品背景时，知道从作者背景和社会背景入手；对于小说内容，学生知道要了解小说的三要素：人物、环境、情节，情节又要从开端、发展、高潮、结局四方面入手。

② 充分发挥学生的自主学习能力。课前任务明确，学生知道从哪些方面去了解鉴赏小说；通过话剧表演，学生反复研读小说并充分理解；课上学生整合信息、充分讨论，深化对小说的理解。

③ 思维导图的有效利用。学生对作家的介绍和小说内容的概括都采用了思维导图，这也是阅读课一种有效的阅读方法。在教学中锻炼学生多使用思维导图，更清晰明了地掌握文章的结构和内容，培养学生的概括能力。

④ 分析小说语言，应用于写作。小说的所有环境、动作、心理、外貌描写都是为了刻画人物形象，为中心服务。我们教师在教学中要加以引导，学生写作时就知道该如何下手，从哪些方面去刻画人物。

总之，阅读的过程，老师要给予有效的引导。学生在阅读的同时，也在积累经验，培养自主学习能力。在老师的有效教学指导下，我们就静待花开吧。我们也期待着有一天，我们的学生走向社会，在他们闲暇之余，陪伴他们的不是手机，而是英文原版小说。

《麦琪的礼物》

第一幕

Mon：(*The morning in the day before Christmas*, *in Jim and Della's shabby house*, *Della is preparing for breakfast.*)

（圣诞节前的一天早上，吉姆和德拉在一个破旧的房子里，德拉正在准备早

餐）

J：What's for breakfast，darling?

吉姆：早餐吃什么，亲爱的？

D：Just some potatoes.

德拉：只有一些土豆。

J：Oh，no！Disgusting potatoes，again！

吉姆：哦，不！怎么又是讨厌的土豆？

D：Good news. There is a loaf of toast which was left yesterday.

德拉：有个好消息要告诉你。这里有昨天剩下的一块吐司。

J：Not bad.

吉姆：还不错。

J：it's time for work，I have to go.

吉姆：哦，到了上班的时间了，我得走了。

D：I love you，darling！

德拉：再见，亲爱的！

J：I love you too~

吉姆：拜拜。

(*After breakfast*，*Jim goes out while Della cleans up the table. Della is alone.*)

在吉姆和德拉夫妇的简陋的家中，只有德拉一人。）

D：Life is so hard for me. Though I saved the money for many months，I still have only one dollar and eighty seven cents. （Opens her purse and stares at it，disappointedly.）

德拉：生活对我来说很困难，虽然我很多个月以前就开始存钱了，我仍然只有 1.87 美元。（打开钱包并沮丧地盯着。）

D：Tomorrow will be Christmas，how can I buy a gift for Jim?

德拉：明天就是圣诞节了，我如何才能给吉姆买一件礼物？

D：I—，I—，I have to have my hair cut and sold it. In that way I can get some money and I can buy a beautiful present for Jim.

德拉：我……我……我不得不剪了头发去卖掉，那样我就能得到一些钱去买礼物给吉姆了。

第二幕

Mon:(*In the street, a man with some pockets is wandering.*)

(大街上，一个拿着几个口袋的人在徘徊。)

M：Hi，guys. Turn your heads to me. I'm here to offer you the most interesting gadgets. Trade one for another. I'm sure you can find what you are fond of.

商人：嗨，注意啦，朋友们！我在这里将要向你们提供奇珍异货，以物换物，我确定你们会喜欢的！

D：Excuse me.

德拉：打扰一下。

M：Oh，what can I do for you，madam?

商人：哦，你想要些什么，女士?

D：You've said you have many curious things and you would change them with us，haven't you?

德拉：你说过你会和我们交换一些奇珍异宝，是吗?

M：Yes，so what do you want? Look at my pocket，these are all my collections.

商人：好的，那么你想要什么?看我的口袋，这是我所有的藏品。

D：I want this gold watch chain.

德拉：我想要这个金表链。

M：So great insight you own，my charming lady.

商人：你很有眼光，迷人的女士。

D：How much?

德拉：多少钱?

M：$ 40.

商人：40 美元。

D：Emm…Can you give me a little less money?

德拉：嗯……你能给我便宜点吗?

M：Oh！This is a gold watch chain！

商人：哦！这是一条很好的金表链！

D：All right~here you are.

德拉：好吧，给你钱。

第三幕

B：the barber

理发师

(Suddenly, she picked up the wallet and went out quickly.)

（突然，她拿起钱包，冲了出去）

B：Welcome your presence，madam. What can I do for you?

理发师：欢迎您的光临，女士。有什么需要帮忙的吗？

D：Sir，do you want to buy my hair?

德拉：先生，你想买我的头发吗？

B:(he looked at her hair carefully) your hair is very beautiful. I can offer you 30$.

理发师:(他仔细看了看她的头发）你的头发非常漂亮。我给你 30 美元。

D：Sir，I need $ 40 to buy my husband a chain as Charisma gift. Sir，please offer me 40$. Please.

德拉：先生，我要给我丈夫买一条链子需要 40 美元。能给我 40 美元吗？求您了。

B:(though for a while) OK，I will give you $ 40.

理发师：（思考片刻）好的，我给你 40 美元。

(The barber took out his scissors. Della sits at the chair and looks at the mirror.)

（理发师拿起他的剪刀。德拉坐在椅子上，照着镜子）

D：(say softly) Let's begin.

德拉：（轻柔地说）开始吧。

第四幕

Mon：*(Della came home.)*

（德拉回家）

D：Oh，what a beautiful gold watch chain. I think it must match Jim's watch. When he sees it he must be very happy.

德拉：哦，多么漂亮的金链子，我想那一定跟吉姆的手表很配，当他看到它的时候，一定会很高兴的。

(Suddenly the door opened and in came Jim.)

（突然门打开了，吉姆走了进来。）

J：You——?

吉姆：你……?

D：Jim. Don't look at me that way. I had my hair cut off and sold it. Jim，it will grow quickly. I just had to do it. My hair grows very fast，you know. Say "Merry Christmas!" Jim，and let's be happy.

德拉：吉姆，不要那样看着我，我剪了我的头发并卖了，吉姆，我必须这么做，我的头发长得很快的，这你是知道的，说"圣诞快乐！"吉姆，让我们高兴起来。

J：You've cut off your hair?

吉姆：你剪了头发?

D：I've cut it off and sold it. It's sold. I tell you-sold and gone，too. It's Christmas Eve. Oh，my darling，be good to me，for it went for you.

德拉：我剪了头发并卖了，它被卖掉了，我跟你说它被卖掉了，没有了！现在是圣诞节前夜，对我好一点，亲爱的，那都是为了你。

J：Well，Della. Don't make any mistake about me. I know，it went for me. Look at this package.

吉姆：哦，德拉，别误会我，我知道，那是为了我。看看这个包裹。

D：What?

德拉：什么?

J：Look at it yourself.

吉姆：你自己看吧！

D：Ah！The combs.

德拉：啊，是梳子！

J：Yes，the beautiful combs.

吉姆：是的，那套漂亮的梳子。

D：But，Jim. They are expensive combs. Thank you Jim.

德拉：但是，吉姆，那些都是很贵的，谢谢你，吉姆。

D：Jim，you don't know what a nice-what a beautiful，nice gift I've got for you. Can you guess?

德拉：吉姆，我给你买了一件又美丽又好的礼物，你能猜出来吗?

J：I'm sorry. I won't guess.

吉姆：对不起，我猜不到。

D：Look. A gold watch chain. Isn't it lovely，Jim? Give me your watch. I want to see how it looks on it.

德拉：看！一条金表链，吉姆，它是不是很可爱？把你的表给我，我想看一下表链装在表上的样子

J：Della，let's put our Christmas gifts away and keep them a while. They're too nice to use just at present. I sold the watch to get the money. And I bought the combs. Merry Christmas!

吉姆：德拉，让我们把圣诞礼物放到一边。虽然他们都是最好的礼物，但是现在不能使用了。我为了得到钱卖了手表，买了梳子。圣诞快乐！

（胡瑞嘉同学自编剧本）

立足文本，随文练写

——高中英语课堂教学中的读写结合分析

在高中的英语课堂教学中，阅读和写作是非常重要的教学内容，两者之间存在极为密切的联系，写作可以提升阅读的思维逻辑能力，使学生阅读思路更清晰，而阅读可以丰富知识储备，为写作的词语运用和写作流畅性提供帮助（顾素芳，2013）。同时，写作教学和阅读教学的能力提升也是高中英语教学阶段的两大主要教学目标，教师要时刻以培养学生的综合英语能力为基准，加强英语整体的教学模式和教学行为，对学生的阅读和写作能力也提出新的要求和标准，除了基础的理论知识和课本内教学之外，教师还要深入探寻和挖掘利于学生阅读和写作的教学内容，做到以写助读和以读促写的双重教学成果，促使学生善于运用阅读的知识积累，锻炼写作表达能力。教师将两者进行巧妙的教学结合，提升学生的英语写作输出能力，进而提升英语教学效率，保证教学的质量。本文以当前高中英语课堂教学中的读写结合的现状入手，结合实际教学情况展开阐述，针对如何在高中英语课堂中有效地读写结合教学进行探讨。

一、当前高中英语课堂教学中的读写结合的现状

1. 教学重点认知错误，重知识，轻读写

在现阶段高中英语教学中，大部分教师仍采取传统的教学模式，通常把英语阅读的侧重点放在英语词汇、语法以及句型的教学上。阅读教学中，通常对固定的教材内容中的单词拼写、单词讲解、句型句式分析、语法的运用等内容做过多的讲解，对学生的思维和逻辑认识不到位。尤其是阅读课程，部分教师的教学过于肤浅，只是简单地通读，就直接讲解其中的语言点，教材文本内容与英语知识点没有做到很好地衔接和结合，学生在学习时掌握不了文章的主体结构和英语知识，慢慢地产生枯燥乏味的感觉，影响学习积极性。另外，一味地强调语法词汇的教学会让学生对阅读的积累不足，篇章意识不强，导致学生在英语写作时逻辑思维混乱，不能明确地表达文章的主题和思想，写作没有条理。教师对此没有做到及时关注，其阅读与写作的教学效果得不到充分地展现（郑玲晓，朱嫣然，2019）。

2. 英语阅读教学的倾向化体现明显

在高中的英语教学过程中，教学的主要目的是提升学生的语言综合能力。但是，大部分教师在教学时会以完成教学任务和教学目标为重点，忽略学生英语实际能力的培养，教学过于倾向化，缺少循序渐进的内容教学。部分教师采取做大量阅读理解习题的方法，还针对性地教学阅读，这就导致学生在学习时只以习题的正确率来判断自身知识的掌握程度，对文本内容理解有偏差，只停留在学习的表层，将英语能力的提升寄予题海战术，从而使学生的写作水平停滞不前，学生的阅读水平得不到提升。

3. 英语阅读和写作的教学过于分离

当前，高中英语阅读教学和写作教学开展时，部分教师仍然比较重视两者的教学成果，尚未正确认识到阅读促进写作的具体意义，未结合两者之间的联系进行学生英语能力的强化，导致阅读教学和写作教学在形式上是完全分离的，学生英语综合素质无法得到全面培养（张艳，卢庆广，2019）。阅读与写作没有有效结合，也没有与英语知识融入，因此，也没有达到以阅读促进写作的良好效果。阅读是写作的根本，是知识扩充和语言积累，二者之间互为补充，起到相辅相成的作用。只有把阅读和写作进行高效的结合，才能从根本上提升学生的英语学习能力和表达能力，培养英语语感。

二、高中英语课堂教学中读写结合的有效举措

1. 注重写作素材累积，以读促写

在高中阶段的英语教学中，大部分教师在教学方向上偏向于语言知识点教学，教学的主要内容也是针对教材所涉及的英语词汇的拼读含义和句式句型以及语法的运用等相关知识点，忽视了英语阅读和写作的教学行为，教学重点出现偏移，影响整体教学水平的提升和英语教学的发展。对于英语的阅读和写作教学来说，两者之间存在较大的关联性，教师只有利用全面的教学方式，结合实际的教学情况来制定合理高效的教学方案，才是促进学生英语全面发展的基础前提（关少斌，2019）。因此，在实际的教学中，教师要以学生的英语基础认知做引导，首先让学生意识到英语阅读和写作的重要性，再逐渐对其展开阅读和写作的学习行为指导。教师要积极展开阅读教学，让学生在阅读中注重写作素材的积累和知识点的掌握，再对学生的写作提出具体的要求，做到以读促写，然后教师可以选出有用素材运用或者经典语言句式的文章，明确学生的写作目的。从而使学生的写作能力在阅读中得到提升，重视阅读的知识积累在写

作中的引入和运用。

例如：在高中英语外研版 *A Matter of Taste* 的相关章节教学时，教师可以在课堂中向学生讲解所涉及的关键词语和句式的运用，再让学生通过阅读进行有效的素材积累，要求学生以自身的理解，用讲解的相关词语进行文章的写作，进而达到读写结合的作用。

2. 注重阅读能力提升，以读促写

随着教育改革的逐渐加深，当前，大部分英语教师已经逐步意识到英语中阅读教学和写作教学的重要性，但是，还未找到阅读和写作的相互促进的教学特点，导致阅读和写作的结合式教学行为在英语课堂上始终没有得到有效实施和开展，并且没有发挥出理想的教学效果，导致学生写作能力培养缺乏机会和空间（季莹莹，2019）。因此，教师要积极转变教学观念、完善教学内容，不断探索阅读与写作结合教学的模式，多多注重学生阅读能力的提升来促进写作教学的初步形成，以写作教学展开来促进学生对于知识点掌握的巩固作用，重视学生阅读方面的词汇累积，进而使学生的阅读和写作深入发展。

3. 注重教学效果强化，读写结合

在英语实践教学中，通过对阅读与写作的巧妙融合来实现教学效益的最大化，做到立足文本、随文练写，把以读促写、以写促读的双向教学模式做到充分应用，从而使学生的写作能力、阅读能力不断提升，体现阅读与写作之间互为优势的教学特点（王淑敏，王淑霞，2019）。对于学生来说，其阅读教学的开展，不仅可以是基础的知识延伸和储备，使学生熟悉文章的表达方式和结构，加强学生的理解，还可以促使学生掌握正确的英语语言表达方式和特点。而通过写作教学的开展，可以在单词和语法上对学生进行进一步的巩固与强化，锻炼学生的语言表达能力。因此，教师对于读写结合的合理教学是保障英语课堂教学效果提升的主要条件之一。

4. 推行先学后教模式，确保读写结合

在高中的教学中，教师要注重以学生为主体，时刻贯彻落实以人为本的教学理念，坚守构建高效课堂的准则，以突出学生、突出学习、突出合作为主要教学目标之一，促使教师在读写结合的方法探索中深化学生的主体意识，做课堂的主人，促使学生产生积极的学习行为，在英语学习实践中使自身的读写技能不断深化，保障双重学习带来的理想化效益。因此，教师在课堂构建中可以推行先学后教的教学模式，培养学生的自主学习能力和知识探索能力，积极引导学生读写结合，通过课前任务的设计让学生取得读写结合的初步学习成果（黄薇，2019）。

5. 提升课堂教学互动，推动读写结合

在英语教学实践中，除了要贯彻落实构建以学生为本的教学思维之外，教师在读写结合的教学中还要增加与学生之间的良好课堂互动，为学生打造轻松、和谐的学习环境。可以采取合作学习的方式，让学生掌握正确的读写学习方法，在学习的过程中加强对学生的读与写技巧指导，合理制定贴合教学实际情况的教学方案，优化教学的行为。除此之外，教师还要不断给予教学方案创新的思维和理念，促进读写的教学效果。首先，教师要以学生的阅读思维和写作逻辑思维着手，不断地进行正确的引导和关注，促使学生可以通过自我意识的提升进而对读写的学习做良好的探究，以养成正确的学习习惯，提升学习效率。其次，教师要以实际阅读内容出发，引导学生立足文本，分析出阅读文章的结构和表达层次，积累阅读的经验，以此来使写作表述自然、脉络清晰，进而提升写作的能力和写作的流畅性。由此，教师可以通过课堂上与学生的互动，让学生对读写的技能技巧展开探讨，并且在阅读的深层次理解下，使写作思维得到不断的发散。

三、结语

总而言之，在高中阶段的英语教学活动展开过程中，教师要做到阅读和写作有机结合，认识到学生阅读能力提升和写作能力提升的重要性（骆北刚，耿佳艺，2019）。高中是学生学习英语写作的关键时期，不仅提升学生的语言表达能力和思维逻辑能力，还是学生知识掌握和运用的良好检验。而其中，阅读就是提升学生写作能力的最佳途径，因此，高中英语教师要把阅读和写作作为英语教学的重中之重，积极探寻阅读与写作之间的内在联系，创新和完善英语教学方式和方法，不断引导学生在阅读中体验写作，在写作中促进阅读，实现英语学习的流畅性和有效性，积极转变自身的传统教学理念，提升英语的专业教学水平，促进学生英语综合能力的提升，促进英语课堂教学成果的提升。

支架式教学法在高中英语读后续写教学中的运用技巧

英语是高考的必考科目，占据较大分值，在以往的高考英语中主要利用命题作文对学生的英语写作能力进行考查。2016年浙江省率先创新了高考作文，选用读后续写题型对学生的思维、理解和写作能力进行考查。此后，很多省份相继采用了该题型。从写作难度来看，读后续写题型相对于命题作文较难，若想取得高分是极为困难的事情，因为该题型考察学生的发散思维能力和英语知识的综合应用能力。为了帮助学生应对高考英语题型的改变，教师应在日常教学中重视对学生创新思维和想象力的培养。

一、支架式教学法概念阐述

支架教学法是由国外引进我国的新型教学方法，该方法强调以学生为中心，注重培养学生的自主学习能力和问题解决能力。该方法要求教师为学生提供一步一步式的教学，采取循循善诱、环环引导的方式，在教学中给予学生小步调的提示，让学生循序渐进地掌握知识，不断培养解决问题的能力，将学生的思维水平从一个高度提升到另外一个高度（赵慧，2021）。支架式教学法符合现代素质教育的标准，能够有效提升学生的自主学习、思考和创新能力，支架教学法的应用是教学方式创新的重要体现，显示着将教学走在发展前列的决心。

读后续写题型考验学生英语学科综合应用能力，考验包括读、写在内的多项技能。学生一开始接触该题型难免会出现畏难、担忧心理，主要受到心理压力、熟悉程度等多个因素的影响。为了让学生逐渐熟悉并掌握读后续写题型的写作技巧，需要教师一步一步进行引导，切记不可将写作技巧直接传授，这样学生不仅无法理解，还无法将所学知识应用到实际的写作当中。因此，支架式教学法比较适合应用在读后续写题型的教学中，既能够满足教师循循善诱的需求，又能够科学合理地培养学生的思维能力、自主学习能力，从而为应对高考做好充足的准备。

二、高中英语读后续写题型教学存在的问题

1. 忽视了学生的主体地位

在以往的英语教学中，教师处于主体地位，教师的教学围绕着教学计划和教学目标前进，需要在特定的课时内完成教学任务。在教学任务的要求下，教师们往往会忽视学生对知识的吸收和理解情况。就读后续写题型教学而言，教师们为了节省教学时间，往往会总结各类不同形式的读后续写题型，然后告知学生应对技巧，使学生短时间内便可掌握写作知识，但实际学生的写作质量无法保障。

2. 较少与学生互动和交流

在英语课堂，很多教师实施双语教学，如若学生出现“溜号”的情况，很容易跟不上老师的课堂节奏。同时，受到课堂教学内容的限制，教师少与学生进行互动和交流，导致学生上课的积极性不高（王亦君，2021）。教师无法根据学生的反馈情况调整教学节奏、改变教学方式，导致学生在课堂上的学习效果不佳，从而影响学生解决读后续写题型的能力。

3. 教学方式较单一、枯燥

从目前的教学现状来看，教师对读后续写题型的教学往往是解析式，即针对特定的题目帮助学生进行作答，主要是教师在讲授，学生发言、思考、质疑的机会较少。在这种以教师为主体的教学环境下，学生处于被动接受知识的状态，教学方式较为单一，教学氛围严肃。长此以往，不仅会影响学生对英语写作的积极性，还无法建立良好的师生关系，从而影响教学效果的提升（徐婉莹，2021）。因此，为了更好地开展读后续写题型教学，教师应注重对学生教学方式的创新，尊重学生的主体地位，使学生在课堂上学习更多有价值的内容。

三、应用支架式教学法的对策

1. 围绕读后续写题型，拓展教学内容

支架式教学注重知识点和知识点间的体系建构，对于高中学生来说，教师应注重对其建构意识的引导，使其透过一个知识点可以将类似的、相同的知识点融聚在一起，完成对知识体系的构建。在开展读后续写题型教学过程中，教师也应善于引导学生构建相关的知识体系，达到管中窥豹的效果（王雨婷等，2021）。为此，可以围绕一个主题的读后续写题型开展教学，引导并帮助学生

总结、归纳相关知识点，实现以点带面、以支架带动整体的效果。比如，在学习英语必修一第一单元*friendship*一课时，教师可以根据单元所学内容构建读后续写题目，引导学生总结、归纳所有可以运用到友情写作中的段落和句子，使学生养成知识体系构建的习惯，提升自身思维广度和宽度，贯彻支架式教学的最邻近发展区原则。

2. 创设良好教学情境，培养学生兴趣

支架式教学的有效开展需要建立良好的教学情境，使学生沉浸在教学氛围中，从而不断开发智力和思维。为此，教师应善于营造课堂氛围，打破传统教学严肃氛围，通过播放视频、音乐、动画等形式吸引学生注意力，使学生进入特定的话题氛围中，能够有效调动学生的情感认知和思维力，帮助其更好地记忆和理解所学知识（徐山燕，2021）。比如，在讲述关于"science"话题的读后续写题目时，应通过提问预热、播放"science"相关的视频等方式吸引学生参与互动，营造轻松、愉悦的教学环境，使学生能够打开思路和思维，敢于发言、敢于想象、敢于表达。同时，读后续写提升很考验学生的阅读能力，很多学生由于英语基础知识匮乏导致无法捕捉所给文段的中心思想，为了缓解这一情况，教师应引导学生进行逐步阅读，消除学生畏惧心理。

3. 引导学生独立探索，提升写作能力

支架式教学强调教师对学生的步步引导，帮助学生建立独立自主的学习和思考习惯。在整个过程中，教师首先应启发和引导，然后以提示的方式让学生自己去分析、判断写作思路、用词用语和写作逻辑。教师的启发和引导不是一成不变的，应随着教学时间的推移而不断减少，起初的引导和帮助应该多一些、后续的引导和帮助应该少一些，最后做到即使没有教师引导学生也能够独立思考并解决问题（杨圆，2021）。比如，在对"life in the future"这一话题的读后续写题目进行教学时，教师应在引导学生根据所给句子进行想象和联想，然后引导学生从 technology，science，economics 等热点话题出发进行畅想，帮助学生拔高写作高度。在学生刚接触该题型时，教师可以引导其进行思考，当学生熟知该题型后，教师应给予学生自主思考的机会，使其能够以最快速度把握所要写的内容，从而提升写作能力。

4. 实施小组合作学习，全面掌握知识

支架式教学法推崇小组合作学习，在小组合作学习中学生的原有知识体系会得到减少或者降低，同时会使相互排斥的意见整合在一起。学生在共享、共商的学习氛围中能够形成对知识较为全面、清晰的理解，从而完成对所学知识的梳理和建构（徐婉莹，马阿婷，2020）。在读后续写题型教学中实施小组合作学习模式，能够使学生在互动交流中拓展知识储备，通过交换思路和意见的方式不断丰富思维。比如，在对诸如“Suddenly a little rabbit jumped out in front of my horse________”事件型读后续写题型进行教学时，教师可以让学生在小组内进行探讨，从而探讨出应用文段中所给关键词的最佳应用方法，帮助学生建立缜密的逻辑思维。

5. 建立科学评价体系，肯定学生进步

读后续写题型考验学生的英语综合素质，很多在阅读或者写作方面欠缺的学生无法游刃有余地应对该题型。若想提升学生读后续写能力需要长时间的培养和引导，短时间内教师无法看到学生的大幅度进步（李缺捺，2020）。因此，教师应建立科学的教学评价体系，不唯学生所得到的分数定论，肯定学生在学习过程中的努力和进步，帮助学生树立自信。评价体系的内容可以包括学生的自主学习能力、对小组的贡献情况以及对所学知识的构建情况，这三类评价内容是支架式教学的要求，也是转变教学评价体系的重要方式。教师在日常的教学中应采取多元评价方式，帮助学生建立自信。

四、结语

读后续写题型是我国部分省份高考的重要题型，其与命题作文具有较大的差别。为了帮助学生在考试中更好地应对读后续写题型，教师应采取科学合理的教学方式，而支架式教学就是行之有效的方法之一。该教学方法能够改变传统高中英语写作教学的单一枯燥、忽视学生主体地位、缺乏师生互动交流等局限性，帮助学生循序渐进构建知识体系。为此，教师可以从拓展教学内容、创设良好教学情境、引导学生独立探索、实施小组合作学习、建立科学评价体系这五个方面出发，切实提升学生应对读后续写题型的技巧。

基于核心素养探究高中英语阅读教学中的“以读促写”能力培养

随着我国经济的快速发展，英语学习愈加受到重视，我国对学生英语水平的要求也在逐步提高，更强调英语学习的实用性。因此，良好的英语水平，不仅对学生考试、升学具有实际意义，而且会影响学生未来的就业和社会适应能力。为了顺应这一发展趋势，高中英语教学方法和教学内容也发生了变化，不再局限于传统单词、语法，也对学生的口语、阅读和写作技能提出了更严格的要求。

一、“以读促写”含义

“以读促写”指在课堂教学中，教师运用有效的阅读教学策略，引导学生提取阅读内容的精髓，将其转化为自己的东西，运用于写作中，进而提升学生的写作水准。对于教育来说，创作教学的困难程度比阅读教学要大得多。长期以来，写作教学效率不高，影响了高中英语教学的继续成长。阅读与写作相结合，阅读为写作提供灵感，写作是阅读的领悟和表达。学生通过阅读、理解文章的精髓，将不同的语言表达方法应用于英语写作，这样可以锻炼学生的创造力，提高学生的写作能力（何飞，2019）。

二、策略分析

1. 重视阅读、写作能力的培养

英语教学由听、说、读、写组成。在我国高中的实际教学中，许多教师过于注重培养学生的语法知识能力，而忽视了阅读和写作的重要作用，导致英语阅读和写作能力不足。高中生缺乏对阅读与写作的兴趣和热情，片面寻求成果的提升，而轻忽了阅读、写作的重要作用。例如，在高中英语必修三的学习中，教师让学生朗读文章，之后找出文章中常用的词汇语法，学生将“on the ground”等常用短语找出来，没有留下印象的短语要记录在书本上，使自己在写作时能用不同的短语，加强写作能力。

2. 加强学生对读写能力正确的领会

在高中英语课堂学习中，学生更喜欢学习英语单词和语法，甚至用死记硬背来学习英语，但不在乎练习阅读和写作来提高英语能力。因此，一线英语教师在实际教学过程中应加强指导，使学生树立正确的认识，认识阅读写作的重要作用，从而促进英语学习的进步。相关分析表明，思维图的使用可以引发学生多动脑筋，学生通过互相交流，使思维的火花冲撞，产生灵感，从而在提高课堂效率的同时，还能提升学生的作文写作能力和思维发展本领。例如，在学习高中写作练习中，“Introduce a friend in English”作为英语写作中常出现的介绍性作文，让学生们通过小组讨论相互介绍，不仅节省了课堂时间，而且还提升了课堂的效率。

3. 加强理论联系实际实践教学

实践是一种很好的学习方式，只有在实践中，才能真正把所学的理论知识运用到日常生活中，从而产生价值。高中英语读写教学是一样的，只有通过阅读和写作，才能提高学生的口语能力、阅读能力、写作能力，才能更好地促进学生对语法和词汇的理解。在高中语文教学中要大量地练习写作，来普及学生的知识。同样的方法也可以在英语教学过程中使用，英语创作能力的进步也需要大量的写作训练。所以，在普通高中英语课堂教学的实践中，阅读和写作在实践上需要经过良好的培训（付艳敏，2017）。

4. 从阅读到写作的过渡顺利进行

阅读和写作是两种不同的实践，无论它们是多么紧密地关联。用阅读代替写作是不可取的，“读写”不能不写。但写作是一种比较困难的形式，直接进行写作的实践，学生将面临更大的困难。这就要求教师重视模仿，充分利用阅读资源，更好地将阅读与写作融合在一起，使学生能够更顺畅地从阅读到模仿，再到创新写作。

例如，在阅读《关注我们的世界》之后，教师可以使用“环保”的主题让学生仿写。由于阅读中学习的单词和相关的话语句子数量庞大，学生在书写单词和短语方面具有太大的难度。为了保证学生英语思维的锻炼，教师还可以让学生先改写成中文小作文，然后翻译成英文，让学生先列出作文的英文大纲，比如“EP”，然后，这个大纲被扩展为散文。这样，学生运用模仿的形式，用与阅读文本相同的主题，充分利用课文学习的单词和短语，减少写作难度。同时，用大纲的方法锻炼自己的英语思维，提高自己的英语创作能力。

四、结语

总之，读写练习能够有效提高学生的写作才能，在高中英语教学中占有重要地位。通过恰当的教学指导，让学生掌握写作技能，提高学生的写作才能是高中教学水平提高的重要构成部分，因此，写作实践本身就是一个循序渐进的过程，是一个从量变到质变的过程。

第八届全国中小学互动课堂教学比赛获奖课例展示

2015 年 5 月 22 日—24 日，新媒体新技术教学应用研讨会暨第八届全国中小学互动课堂教学实践观摩活动在青岛举行。笔者获得了全国说课比赛一等奖。

此次大会是由中央电化教育馆、全国中小学计算机教育研究中心共同举办的。来自全国各省市的教育教学专家和教师代表共 2500 余人参加了此会。大会从全国 29 个省市学校提供的 9000 余节课例中精选出 539 节课例进行现场讲课说课展示及比赛。笔者以英语阅读 *No Drugs* 的精彩说课获得了专家的一致赞扬，向全国同行展示了青岛市英语教学使用电子书包等信息技术的先进理念和方法。

中央电教馆馆长潘克明教授听完课后赞叹道："沈老师的课利用信息技术为学生动手、动口、动脑创设环境和条件。创设了富裕挑战性的练习和竞赛、在线答疑、观看动漫、分享与自省、制作手抄报……多种学习主体参与的活动，使学习主体的作用得到充分的体现，使学习的内化过程在这些活动中得到实现。"

笔者在推进信息技术与教学的融合，不断提升学科素养和教育教学能力的路上探索着、努力着。

图 5　与中央电教馆馆长潘克明教授（中）合影

阅读 *No Drugs* 说课稿

课题名称：阅读 *No Drugs*

教材版本：外研社英语高一年级第二册第二模块

学　　科：英语

各位评委和老师，大家好！我今天说课的课题是外研社英语高一年级第二册第二模块阅读 *No Drugs*，本课由电子书包、电子教材、电子白板等多种先进信息技术辅助教学，使教学目标更高效地达成。信息技术，为我们的课堂插上了翅膀，它让我们的课堂越飞越高。基于实践，我从以下五个方面说说这堂课的设计与体会。

一、教材分析

1. 教材内容

阅读是学习英语的关键，本课通过阅读文章，让学生读懂、读透文章，使听、说、读、写能力得到提高。

2. 教学目标

《英语课程标准》提出了学科素质教育目标：培养兴趣，树立自信，发展自主学习能力与合作精神。据此，我设计了本课的三维教学目标：掌握毒品有关的词汇和短语并会表达（知识目标），提高学生的捕捉文章主要信息要点的能力、养成自主学习习惯、培养独立思考能力（能力目标）。使学生提高自我保护意识，养成良好生活习惯（情感目标）。

3. 教学重点与难点

本课的重点是通过阅读文章，读懂文章内容，把握文章的主线，掌握吸毒及其危害的词汇，难点是对禁毒这一主题进行延伸和拓展，使学生学会说和写。

二、学情分析

本课的学习主体是高一学生，他们接受能力强，富有个性化的设计可以激发他们学习英语的兴趣，提高阅读和表达能力。

三、教法与学法

1. 教法：信息技术辅助教学法

信息技术的应用，打破了传统的一支粉笔、一本书口口相传的教学模式。电子教材，引导学生自主学习、课堂的翻转；电子书包，引导学生研究性学习和合作探究；电子白板，引导学生动手动脑，独立思考 。这些工具的特点，使学生更好地自主学习，合作探究，这些工具的出现，使得教师有了新的教会学生学习的教学理念。《新标准英语》强调让学生“学会学习”。在这里我们找到了答案。

2. 学法：自主学习法、研究性学习法

学生在竞争式学习的引导下，通过自主学习法，研究性学习法，探索新知，学会思考。

四、教学过程

根据寓教于乐，培养学生自主学习能力的教学原则，我对本课的教学过程设计为三大步。

（一）课前学习

1. 自主学习，课堂翻转

（1）应用电子教材的对照答案功能，学生自主完成书中的练习并对照批改，培养自学的能力。

（2）应用电子教材的跟读和自读功能，学生根据朗读成绩的各项指标自我纠错，学习的积极性被充分调动，促进提高英语发音的语音和语调。

（3）应用电子教材的语言学习功能，自主学习重点单词、短语和句型。

（4）应用电子教材的动画功能，更直观形象的理解课文内容，情景教学，提高学习兴趣。

2. 充分讨论，在线答疑

（1）应用电子书包的互动讨论功能，全体学生参与讨论，相互交流和学习，教师可以通过此环节检查督促学生预习。

（2）应用电子书包的答疑功能，学生及时提出问题，教师及时给予解答，教师课前对学生的学情有了了解，上课更有针对性地组织教学。

课前学生使用电子教材和电子书包，很好地实现了学习自主的学习，实现了课堂的翻转，有利于课堂效率的提高。（亮点 1：自主学习、提高课堂效率。）

（二）课上学习

1. 导入目标：贴近生活，激发兴趣

本课在导入时，通过房祖名等几张熟悉的明星吸毒照片的展示，拉近生活，激发他们学习的兴趣。课堂上采用了小组合作竞争奖励的方式，确定了组长、记分员、记录员的角色，通过记分牌，记录每组的成绩，最后颁发圣诞老人笔作为奖品，学生上课的积极性被充分地调动。

2. 泛读精读：文本阅读，提炼信息

（1）快速阅读文章，找出 part 1~part 6 所属文章，并能正确选择两篇文章大意，培养学生快速阅读抓大意的阅读技巧。

（2）课上文章 1 阅读设计的“五个 W”问题，让学生自由问答，很巧妙地将文章主要信息提炼和处理。培养了学生准确快捷地把握文章重要信息的能力。（亮点 2：简洁明了、把握重要信息）

（3）简单明了地呈现文章主要结构和框架，应用电子白板手写功能，学生手写答案，印象深刻。

3. 人机互动：互动学习，巧妙融和

真正突破教学难点，需要构建“互动学习”模式，“人机互动” 增进了师生与生生之间的交流。

（1）针对此课电子教材给出的课文短语不充分，引导学生自己画出更多重点短语，培养学生自我学习文章重要知识点的能力。

（2）课上通过电子书包的学案功能，传送有关文章大意的填词题，让学生对文章进一步有了理解，并在语篇中灵活使用了词汇。

（3）应用电子教材的动画功能，去掉动画中的字幕，学生可根据动画的画面，结合书本中的内容进行配音。（亮点 3：激发兴趣、形象有趣）

（4）讨论读后感想，从互动论坛中挑选点赞多的，大家分享，学生参与度高，实现了“生生评价”，老师指导学生如何写出佳句，实现了“师生”评价。（亮点 4：师生评价、生生评价）

4. 情感升华：分享与自警

课上最后通过给房祖名写寄语，利用电子书包拍照上传，互动交流，既联系实际又运用了所学的知识，在“生生互动”中学生学会了写作技巧，活用了语言，突破教学难点。（亮点 5：联系实际、生生交流）最后，学生起立共同宣誓，再次把课堂气氛推向高潮，起到了很好的警示作用。

（三）课下学习

(1) 课后练习是知识的拓展和延伸，通过自主制作英文手抄报，灵活运用所学知识，而且培养了学生保护自我，远离毒品的意识。

(2) 通过电子书包的英文原版名著阅读，培养了学生阅读的良好习惯，避免了死读书、读死书，学生终身受益。（亮点 6：阅读名著、培养阅读习惯）

五、收获和体会

本课旨在引导学生阅读，电子书包等信息技术的应用建立了“师—机—生”三位一体的互动学习模式。实现了翻转课堂和学生自主的学习，使教师更加有的放矢地组织教学，学生课堂的参与度得到明显提高，学生真正成为课堂学习主角，促进了学生的个性化学习，构建了有序、高效、互动、和谐的教学课堂。全面、科学的课堂评价实现了师生、生生的评价。

很有幸几年前我所带的班级作为首批电子书包的试点班级，我们经历了迷茫与困惑，但也渐渐体会着这份收获的喜悦，通过调查问卷和成绩测试比较，学生的阅读兴趣、自信心、课堂参与度、主动性都有了大幅提高，学生的英语成绩尤其是阅读成绩提高了 7 个百分点，学校大为赞叹。之后全校普及电子书包，信息技术已经为我们的教育教学插上了翅膀，我们不断开发新的功能，更好地为教学、为学生的终身发展服务。

在使用电子书包等信息技术过程中，我有这样的思考，电子书包的存在是为教学服务的，挖掘电子书包的功能更好地为英语教学服务，实现便捷、高效的“互动学习”是我今后一段时间实践教育与信息技术整合的目标。

阅读 *No Drugs* 教学设计

（一）基本信息

学校	山东省青岛第十九中学		
课名	阅读 *No Drugs*	教师姓名	沈巧妮
学科（版本）	英语（外语教学与研究出版社）	章节	第二册第二模块
学时	1	年级	高一

（二）教学目标

本模块的主要目的是学习关于毒品及其危害的词语和其他语言形式，通过情景教学，培养学生良好的生活习惯，达到关爱社会、关爱他人、远离毒品的目的。

语言知识目标：

学习有关词汇：burglary，connection，crime，criminal，illegal，ratio，shoplifting，treatment。短语：a drug addict，offer sb sth，in danger，share with，become addicted to，take one's advice.

语言技能目标：通过阅读毒品滥用的有害影响及相关的科普文章，获取有效的信息，从文章中提取关键信息，对其进行总结和总结，用英语进行讨论，对药物滥用的有害影响发表自己的看法。

情感目标：提高学生自我的保护意识，培养学生养成良好的生活习惯，达到珍爱生命，远离毒品的目标。

学习策略目标：组织学生独立阅读文章，培养学生获取关键信息的能力。通过拓展讨论，可以培养学生独立思考和独立探索的能力。通过灵活运用个人工作、小组工作等形式加强学生的合作学习，使学生从网络等其他媒体渠道了解药物滥用的危害，学会分析和总结。

文化意识目标：通过听、说、读的学习方式，进一步补充相关材料加强学生对毒品危害的认识，提高学生的自我防范意识，树立正确的人生观，培养责任意识，能够劝说他人远离恶习。

（三）学习者分析

高中学生其课堂专注度已经具有相当的稳定性，其接受能力和观察能力同样有较大提高。富有个性化的教学设计可以激发学生学习兴趣、提高课堂效率。本节课程内容为毒品滥用的危害，与学生的现实生活存在一定距离，在课堂上，通过列举学生熟知的房祖名、柯震东等电影明星吸毒的案例，可以缩短阅读教学内容和学生之间的距离。

本节课的教授对象是高一学生。经过几个月的学习，他们已经知道了如何利用电子书包的课堂教学模式，进行自主阅读。在教学中，无论是课前、课中还是课后，都要充分利用电子书包的优势，调动学生参与教学活动的热情，积极思考，相互讨论，互相配合。教师在教学过程中会及时给予指导和帮助。

（四）教学重难分析及解决措施

本课的重点和难点是要求学生掌握药物滥用及其危害性的词汇。教师可以通过引导学生阅读文章，掌握文章的主线，拓展药物滥用的主题，引导学生提高口语和写作能力。在实践教学中遵循循序渐进和快乐教学的原则，可以输入知识，培养技能，渗透文化意识，培养良好的学习策略。本课时采用白板、电子书包和电子教材等工具进行辅助教学，给予学生更加直观、具体的感受，学生参与度高、参与范围广，教师能够及时了解每个学生的学习状况，进而提高了课堂效率。

（五）教学设计

1. 课前设计

教学环节及时间	活动目标	教学内容	活动设计	媒体功能应用及分析
课前预习（10分钟）	培养学生自主预习的能力，通过预习对文章有初步的理解	预习课文，完成课本习题和自批 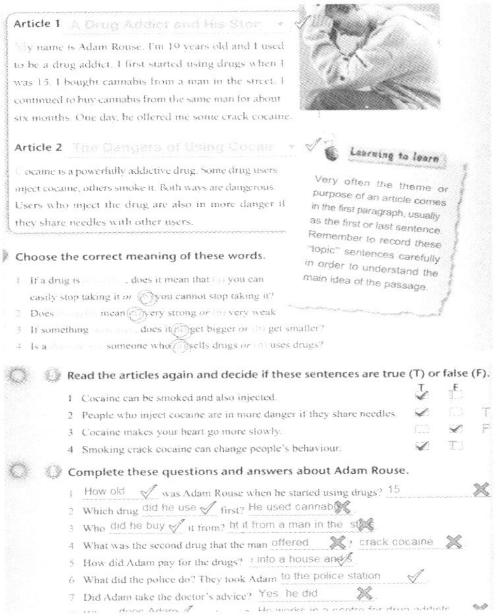	阅读课文，完成电子书上的练习题并对照答案自己批改	应用电子教材的对照答案功能，学生可以自主完成书中的练习并对照批改，培养自学的能力，节省了教师课上的时间
课前朗读（5分钟）	熟读课文，模仿地道的英语语音语调，纠正语音	跟读和自读 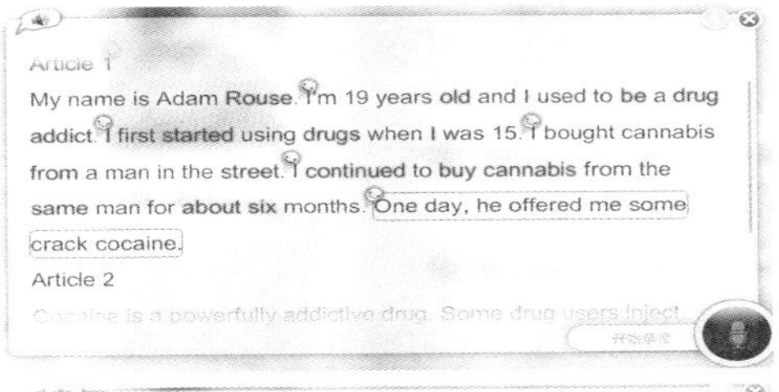 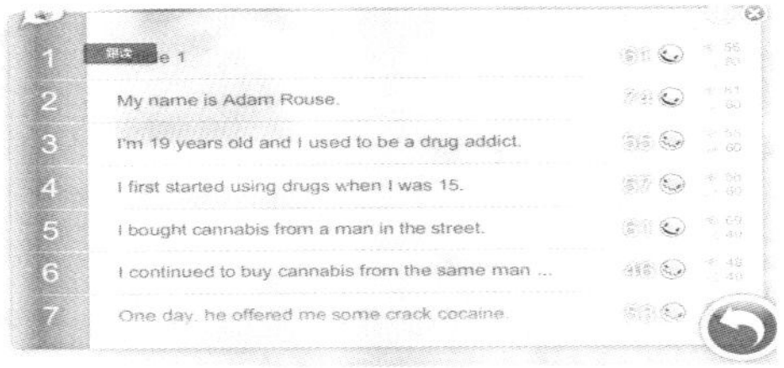	跟读课文两遍，自读课文一遍	应用电子教材的跟读和自读功能，其可以及时把朗读成绩的各项指标情况反馈给学生，使学生及时纠正进而提高英语语音和语调的准确性

（续表）

<table>
<tr><th>教学环节及时间</th><th>活动目标</th><th>教学内容</th><th>活动设计</th><th>媒体功能应用及分析</th></tr>
<tr><td></td><td></td><td>

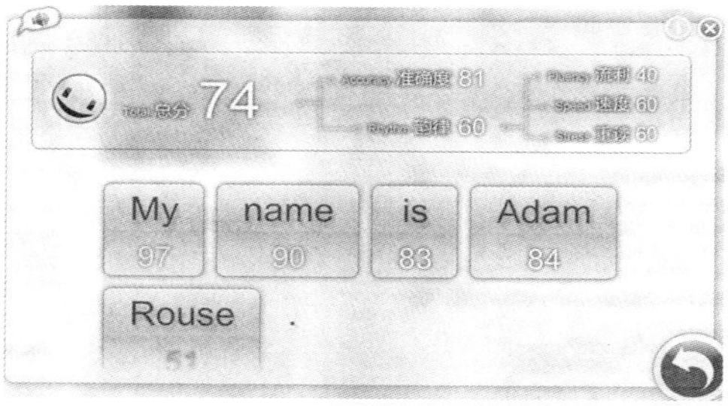

</td><td></td><td></td></tr>
<tr><td>课前学习知识点
（5 分钟）</td><td>培养学生自主学习、梳理知识点的能力</td><td>自主学习课文知识点
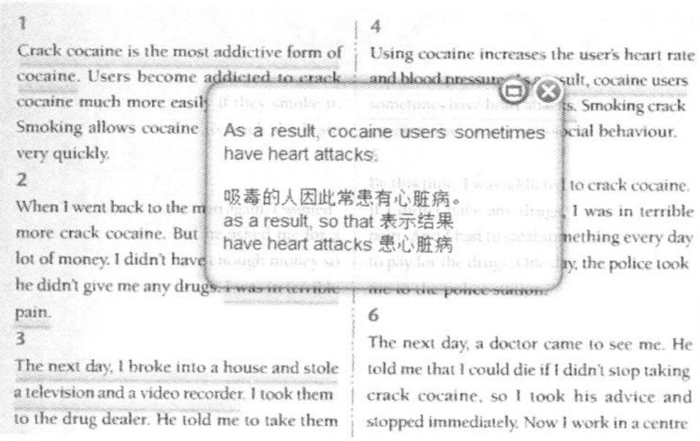

</td><td>自主学习重点单词、短语和句型</td><td>应用电子教材的语言学习功能，自主学习重点单词、短语和句型</td></tr>
<tr><td>课前看动画
（5 分钟）</td><td>旨在激发学生的学习兴趣，从而加深学生对文章的理解</td><td>看动画并模仿复述

</td><td>通过看动画，进行复述和模仿配音</td><td>应用电子教材的动画功能，更直观形象地理解课文内容，利用动画中可取消字母的功能，可以看着动画配音和复述</td></tr>
</table>

（续表）

教学环节及时间	活动目标	教学内容	活动设计	媒体功能应用及分析
课前在线讨论（5 分钟）	检查学生预习情况，相互交流，相互学习，练习表达能力	在线讨论读完文章 1 的感想 What is your feeling when finished reading article1 	在线讨论话题，对优秀的留言点赞	应用电子书包的互动讨论功能，全体学生参与讨论，相互交流和学习，教师可以通过此环节检查督促学生预习情况
课前在线讨论（5 分钟）	课前检查学生预习情况，让学生相互交流，相互学习，练习表达能力	在线讨论吸毒的危害 What are the effects of using drugs? 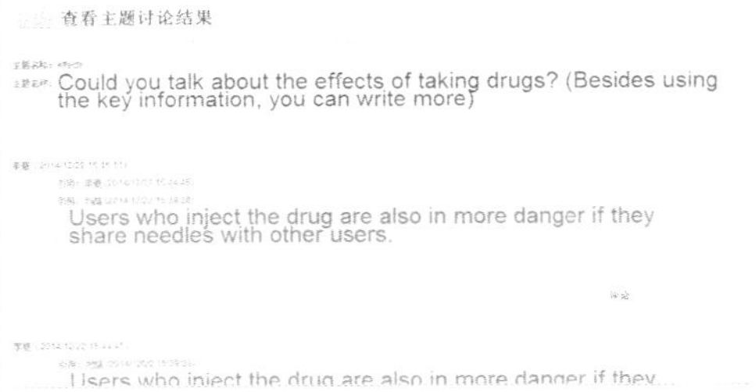	以在线的方式讨论话题，对优秀的留言点赞	应用电子书包的互动讨论功能，全体学生参与讨论，相互交流和学习，教师可以通过此环节检查督促学生预习情况
课前答疑（2 分钟）	主要培养学生思考质疑的能力，教师更有针对性组织教学	针对性地组织学生在线留问题，并且教师及时在线答疑 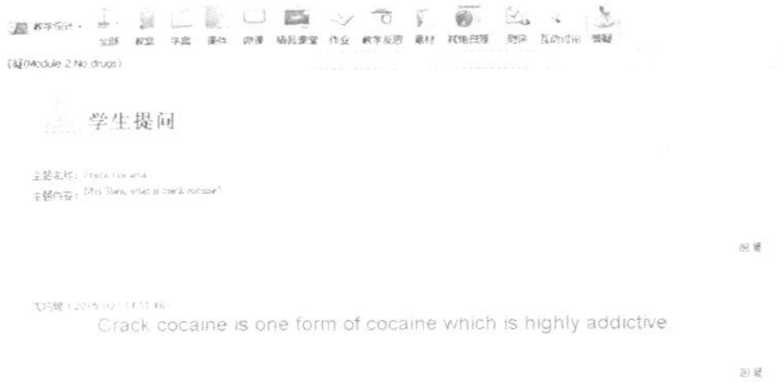	学生阅读中未能解决的问题，可在答疑中留言	应用电子书包的答疑功能，学生及时提出问题，教师及时给予解答，教师课前对学生的学情有了了解，上课更有针对性的组织教学

2. 课上设计

教学环节及时间	活动目标	教学内容	活动设计	媒体功能应用及分析
课上导入（3 分钟）	从身边熟悉的人和事导入，更容易激发学生学习兴趣	展示照片，导入新课 	展示 2014 年吸毒被捕的明星照片	应用电子白板功能，通过几张熟悉的明星吸毒照片的展示，更容易导入新课内容

（续表）

教学环节及时间	活动目标	教学内容	活动设计	媒体功能应用及分析
课上略读（文章1,2）（2分钟）	培养学生快速阅读抓大意的阅读技巧	快速阅读课文内容 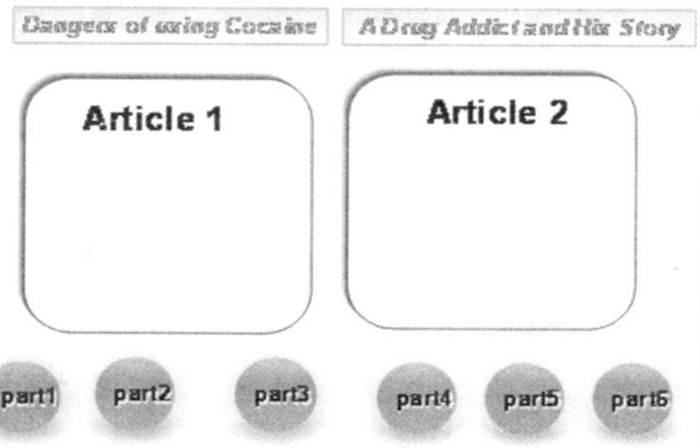 	快速阅读文章，找出Part 1～Part 6所属文章，并能正确选择两篇文章大意	应用电子白板拖拽功能，更形象直观地把握文章结构和大意
课上精读（文章1）（7分钟）	培养学生准确把握文章重要信息的能力	精读文章，相互提问和回答 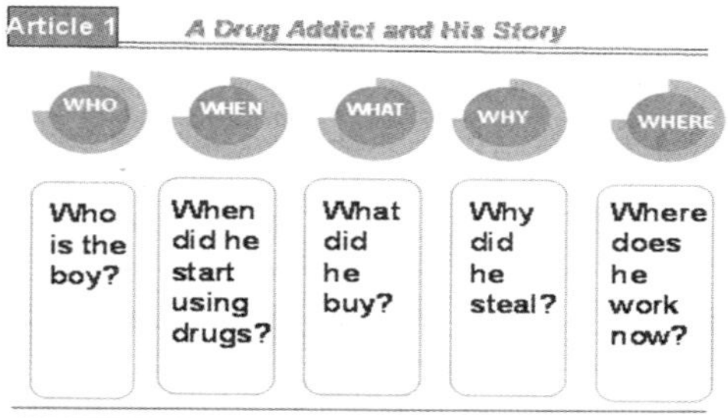 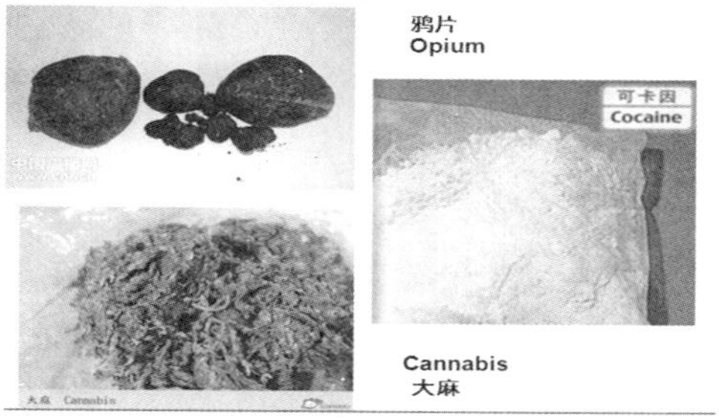 	精读文章，能够相互提问和回答“五个W”问题	应用电子白板功能，更形象直观地明白叙述故事的五个关键“W”，通过相互问答，文章关键信息都就解决
课上精读（文章2）（5分钟）	培养学生精读，准确捕捉文章重要信息能力	精读文章，准确找出重要信息 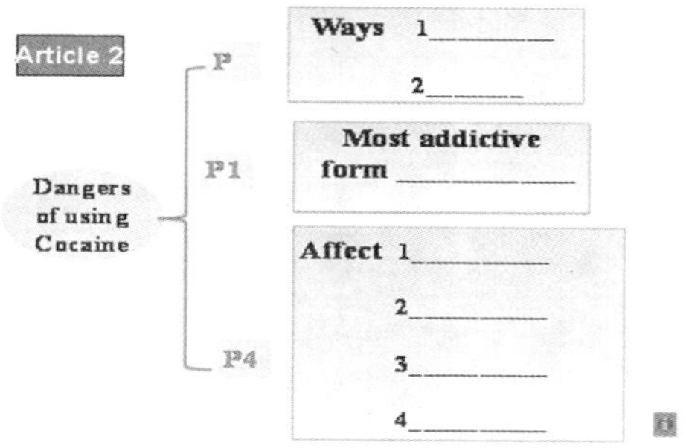 	将文章关键信息以关键词的方式呈现，让学生进行填空，并通过展示图片明确知道其危害	通过电子白板手写功能，简单明了地呈现文章主要结构和框架，学生到白板上手写答案，印象深刻

（续表）

教学环节及时间	活动目标	教学内容	活动设计	媒体功能应用及分析
课上精读（6分钟）	让学生培养自主学习文章重要知识点的能力	画出文章中重点短语 **Article 1** My name is Adam Rouse. I'm 19 years old and I used to be a drug addict. I first started using drugs when I was 15. I bought cannabis from a man in the street. I continued to buy cannabis from the same man for about six months. One day, he offered me some crack cocaine. **Article 2** Cocaine is a powerfully addictive drug. Some drug users inject cocaine, others smoke it. Both ways are dangerous. Users who inject the drug are also in more danger if they share needles with other users. 1 Crack cocaine is the most addictive form of cocaine. Users become addicted to crack cocaine much more easily if they smoke it. Smoking allows cocaine to reach the brain very quickly. 2 When I went back to the man again, I wanted more crack cocaine. But he asked me for a lot of money. I didn't have enough money so he didn't give me any drugs. I was in terrible pain. 3 The next day, I broke into a house and stole a television and a video recorder. I took them to the drug dealer. He told me to take them to a shop in a nearby street. The man in the shop gave me some money. I took the money to the drug dealer and he gave me some more crack cocaine. 4 Using cocaine increases the user's heart rate and blood pressure. As a result, cocaine users sometimes have heart attacks. Smoking crack cocaine also causes anti-social behaviour. 5 By this time, I was addicted to crack cocaine. If I didn't have any drugs, I was in terrible pain. And I had to steal something every day to pay for the drugs. One day, the police took me to the police station. 6 The next day, a doctor came to see me. He told me that I could die if I didn't stop taking crack cocaine, so I took his advice and stopped immediately. Now I work in a centre for drug addicts, helping others to stop taking drugs.	学生分段落阅读课文后，找学生到前面白板上画出更多的重点短语，并对有疑问的短语进行解答	应用电子教材语言学习的功能，学生可以自主地学习文章中重点短语和句型，针对此课电子教材给出的短语不充分，引导学生自己画出更多重点短语
课上巩固（文章1）（5分钟）	进一步巩固文章内容对知识加以运用	根据文章1的内容填写重点词和短语 我的发布 发布成员 « 批阅 刷新 名称 | 状态 | 学习时间 邱岳 | 已回复 | 00:01:09 刘喆 | 已回复 | 00:00:49 兰梦琪 | 已回复 | 00:00:26 谢冰 | 已阅读 | 00:03:34 李可昕 | 已回复 | 00:00:52 吴嘉倬 | 已回复 | 00:01:14 任敦祥 | 已回复 | 00:00:59 杨航 | 已回复 | 00:00:00 陆孟 | 已回复 | 00:01:15 王凡 | 已回复 | 00:00:05 刘如意 | 已回复 | 00:01:15 周筱涵 | 已回复 | 00:00:43 程馨谊 | 已回复 | 00:00:37 石倚菲 | 已回复 | 00:01:58 李科鸣 | 已回复 | 00:00:36 曲冠儒 | 已回复 | 00:00:20 袁德昊 | 已回复 | 00:00:59 李童 | 已回复 | 00:00:19 张天宇 | 已回复 | 00:00:44	发送文章1段落大意，填写词语（新高考题型）	应用电子书包的学案功能，把挖空的文章发送给学生，学生写完上交后，能够及时反馈完成情况和正确率，课堂上更有针对性地进行讲评

（续表）

教学环节及时间	活动目标	教学内容	活动设计	媒体功能应用及分析
		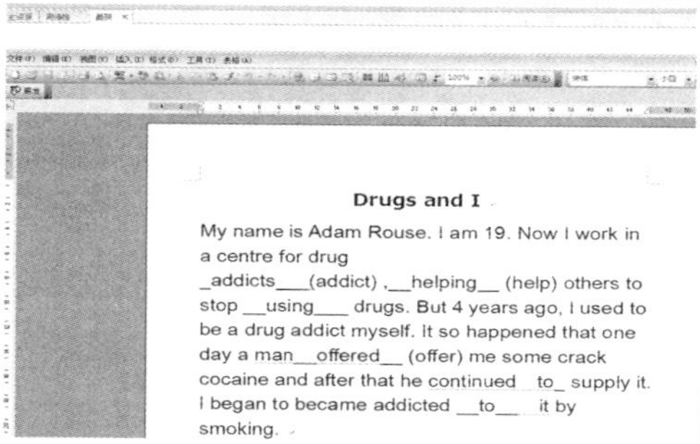 **Drugs and I** My name is Adam Rouse. I am 19. Now I work in a centre for drug _addicts___(addict) ,__helping__ (help) others to stop __using___ drugs. But 4 years ago, I used to be a drug addict myself. It so happened that one day a man__offered__ (offer) me some crack cocaine and after that he continued __to_ supply it. I began to became addicted __to___ it by smoking.		
课上巩固（文章1）（6分钟）	激发学生学习兴趣，进一步巩固所学内容	给动画片配音  	熟悉动画片内容，小组成员分工，根据动画内容配音	应用电子教材的动画功能，去掉动画中的字幕，学生可根据动画的画面，结合书本中的内容进行配音
课上拓展（3分钟）	组织全班参与讨论，有效提高参与度和兴趣，以及表达能力	分享阅读感受 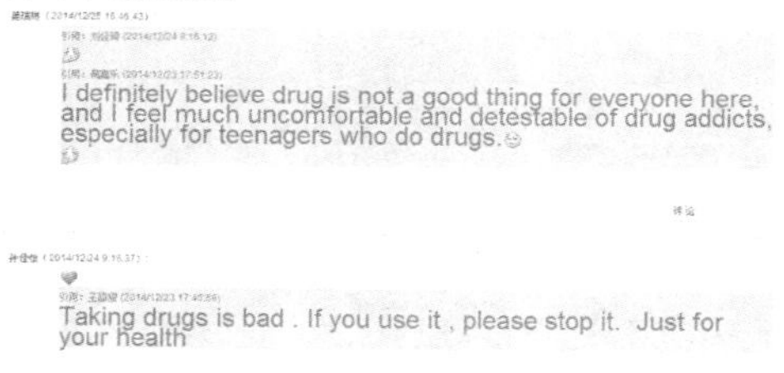 	从互动论坛中挑选点赞多的，课上分享文章1阅读后感想，并指导学生如何写出佳句	应用电子书包的互动讨论功能，讨论阅读后感想并推选优秀的大家分享，提高参与度，激发学生学习兴趣和成就感
课上讨论（2分钟）	认清当今国内青少年吸毒现状，提高防范	讨论如何禁止毒品，远离毒品  	讨论如何防范远离毒品	应用电子白板功能，了解国内现状和举措，联系实际，讨论远离毒品。增强主人翁意识和自我保护意识

（续表）

教学环节及时间	活动目标	教学内容	活动设计	媒体功能应用及分析

宣誓 （1分钟）	培养学生主人翁意识及自我保护意识	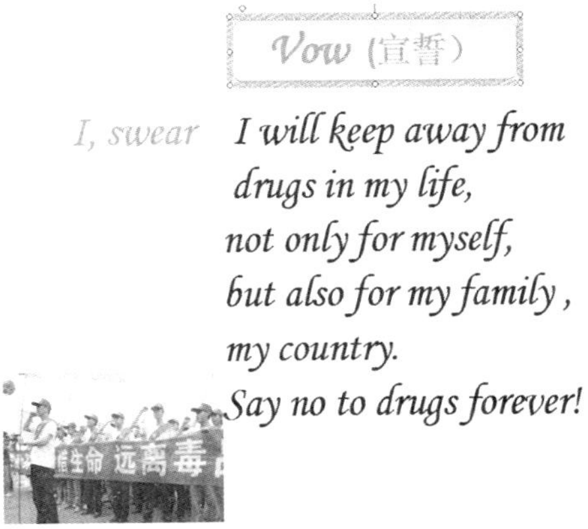	全体学生宣誓	应用电子白板的功能，清晰明了地展示誓词,引起共鸣
课上巩固提高 （5分钟）	巩固课堂学习内容，应用本课学习的知识，进行生成性练习	知识生成练习 	给出房祖名的相关吸毒信息，应用所学知识写句子	应用电子书包的拍照和互动论坛功能，当堂随笔练习拍照上传，分享学习与交流，推选出佳篇课上分享

3. 课后设计

教学环节及时间	活动目标	教学内容	活动设计	媒体功能应用及分析
课后作业（15 分钟）	培养学生反对毒品和自我保护意识，从小养成正确的的生活习惯	设计一份英文手抄报 	应用所学内容自主设计一份英文“反对毒”品手抄报	应用电子书包的拍照和互动论坛功能，把制作好的手抄报拍照上传，分享到互动论坛中相互学习交流
课后作业（20 分钟）	拓展阅读，培养学生阅读习惯和兴趣	鼓励学生阅读英文原版小说 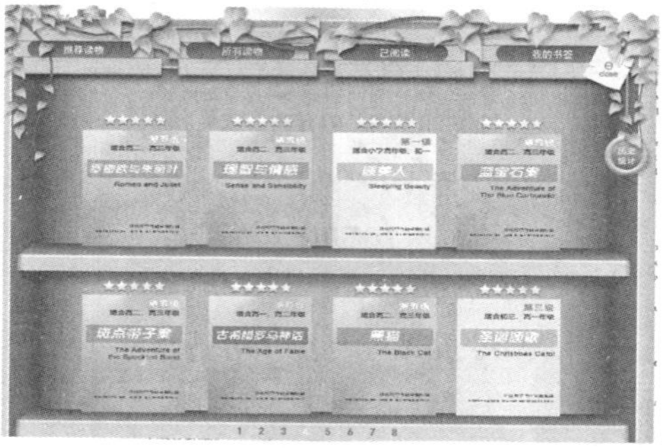 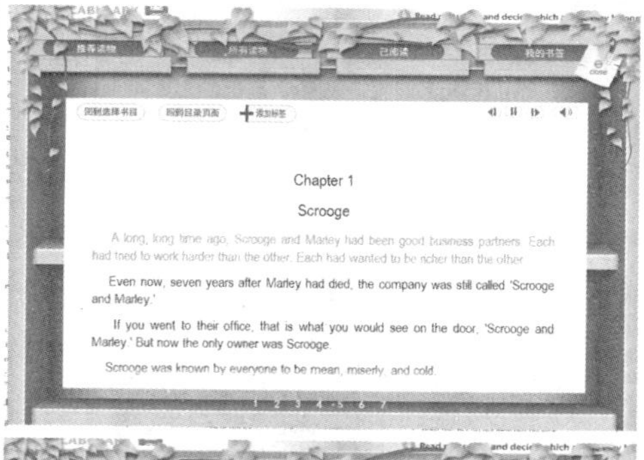 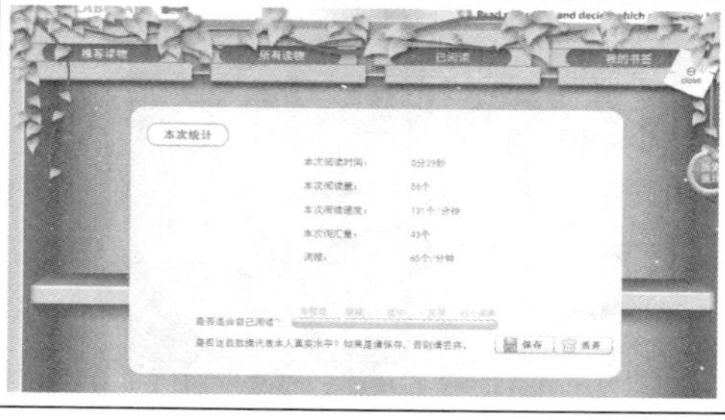	阅读电子教材英文原版小说《圣诞颂歌》第一章，写出大意	应用电子教材的课外拓展中的课外读物和互动论坛功能，鼓励学生阅读原汁原味的英文原版作品，培养学生英文阅读兴趣，养成良好的阅读习惯，从而提高英语语言综合运用能力，并通过总结大意，让学生在互动论坛上进行交流，及时检查学生阅读情况

阅读 No Drugs 教师教案

Book 2 Module 2 Reading *No drugs*

Teaching Objectives

1）Knowledge Objectives：

To enlarge the students' vocabulary of related to the topic.

To help the students grasp some sentence patterns.

2）Ability Objectives：

To improve the students' reading skills，like skimming and scanning.

To help the students retell the story.

3）Emotional Objectives：

To know the dangers and effect of dugs and stay away from drugs.

4）Strategy Objectives：

To guide the students how to get the main idea.

To guide the students how to guess the meaning of a word in the context.

To encourage the students to learn from each other.

5）Cultural Objectives：

To arose the students' sense of self protection and treasure their lives.

Key Points

1）To grasp some useful words and expressions.

2）To understand the passage intensively and extensively.

Difficult Points

How to encourage the students to apply what they've learnt to produce an effective output.

Teaching Approaches

1）Task-based teaching mode in a Students-centered atmosphere

2）Self study and Cooperative study

Teaching Tools

ebook，IPad，white board

Teaching Procedures

Step 1 Lead-in

Elicit the topic today through free talks with the students.

Step 2 Reading

1. Skimming: Read the passage for the first time then find out the general idea of each paragraph.

Task 1 main idea of each article

[1] Article 1: Part ________________

[2] Article2: Part ________________

[3] A Drug Addict and His Story: Article ______

[4] The Dangers of Using Cocaine: Article ______

2. Scanning: Read the passage for the second time carefully to get some detailed information.

Task 2

Article 1 Detailed information

1. Read loudly, ask questions and give the answers freely in class

[1] Who ____

____

[2] When ____

____

[3] What ____

____

[4] Why ____

____

[5] Where ____

____

2. Ask some students to read the passage and choose two to underline more key phrases on the front E-book.

3. Send the practice material to ss by iPad and fill in the blanks.

Drugs and I

My name is Adam Rouse. I am 19. At present I was in a centre for drug ________ (addict), ________ (help) other people to stop ________ drugs. Four years ago, I was a drug addict myself. It so happened that one day a man ________ (offer) me some crack cocaine and after that he continued ______ supply it. I started to became addicted ______ it by smoking.

In order to smoke enough crack cocaine, I have no choice but to buy it with money. And to get more money, I once broke ______ a stranger's house and stole a TV set and a video recorder and then sold them to pay the drug ______ (deal) . As a result, I was taken to the police station. With the people's help there, especially the doctor's, at last I ______ (take) his advice and decided to give ______ taking drugs totally.

4. Dub the cartoon in groups.

5. Choose the best feeling they think on iPad to share together.

Article 2 detailed information

Dangers of using Cocaine
- Passage: ways 1 ______
  - 2 ______
- Part1: the most addictive form ______
- Part4: Effects 1 ______
  - 2 ______
  - 3 ______
  - 4 ______

Step 3 Interactive Discussion

Task 3 a question on iPad

Give advice to the anti-drug behaviour.

Step 4 Consolidation

Task 4 Write some sentences

I want to tell something to you …

Step 5 Assignment:

1. Design an English poster related to anti-drug behavior.

2. Read *The Christmas Carol* chapter 1 on the E-book.

阅读 No Drugs 学生学案

Book 2 Module 2 Reading–No drugs

Before Class

1. Preview the reading and finish the exercises1–6 on the e–book, then check them by yourself.

2. Read the whole article for three times. Follow the E–book's pronunciation for the first two times and the do the self reading for the last time. During the process, try to read it fluently.

3. Learn the important phrases and sentences on the E–book independently and mark them on your book.

4. Follow the video to read and can dub（配音）.

5. Discuss the feeling of Article 1 on iPad.

6. Discuss the effects on iPad.

7. Write down your question on iPad and teacher will help you.

In Class

Task 1 main idea of each article

[1] Article 1：Part ______________________

[2] Article2：Part ______________________

[3] A ____________ and his ____________：Article ______

[4] The __________ of Using __________ Article ______

Task 2

Article 1 Detailed information

1. Ask five questions by yourself and then give the answers.

[1] Who ____

____

____

[2] When ____

____

____

[3] What ____

____

____

[4] Why ____

____

____

[5] Where ____

____

____

2. Article 2 detailed information

Dangers of using Cocaine
- Passage: ways 1__________
  - 2__________
- Part1: the most addictive form __________
- Part4: Effects 1__________
  - 2__________
  - 3__________
  - 4__________

3. Underline more key phrases on the book.

4. Fill in the blanks.

Drugs and I

My name is Adam Rouse. I am 19. At present I was in a centre for drug ______ (addict), ______(help) other people to stop ______ drugs. Four years ago, I was a drug addict myself. It so happened that one day a man ______(offer) me some crack cocaine and after that he continued ______supply it. I started to became addicted ______ it by smoking.

In order to smoke enough crack cocaine, I have no choice but to buy it with money. And to get more money, I once broke ______ a stranger's house and stole a TV set and a video recorder and then sold them to pay the drug ______(deal). As a result, I was taken to the police station. With the people's help there, especially the doctor's, at last I ______(take) his advice and decided to give ______taking drugs totally.

5. Dub the cartoon in groups.

Task 3 discuss on iPad

Choose the best feeling you think on iPad to share together

Task 4 I want to tell something to you …

After Class

Homework:

1. Design a poster related to anti–drug behavior in English.
2. Read *The Christmas Carol* chapter 1 on the E–book.

Value our life, stay away from drugs!

国际化英语教学过程中的探索

——对中澳英语教学模式的初步实践认识

随着经济全球化的迅速发展，教育国际化的趋势日益明显。我国教育模式在开放的教育环境中也在不断地发展和完善，中外合作办学就是这种探讨的产物，也算是一个新生事物了。2004 年，青岛十九中解放思想，大胆开拓，与澳大利亚黑利伯瑞学校（Haileybury College）联合办学，创办了“中澳班”，标志着学校走上了与国际化教育接轨的道路，使学校的教学改革又向前推进了一步。几年的联合办学，学校取得了一定的成绩，积累了一些经验，但学校也看到，在中外合作办学道路上任重道远。潜心研究适合学生学习和发展的教育教学方法，培养出更多更好的国际英才，是摆在学校面前的神圣使命。

我有幸成了“中澳班”VCE 课程的 ESL（English Second Language）英语授课老师，在澳大利亚一个月的培训和两年来对澳洲 VCE（Victorian Certificate of Education）课程的学习和教授，使我的英语教学取得了学生的认同。回想当时，置身于一个全新的语言环境之中，使我有机会校订自己的语言习惯并感受不同的教学风格，从而坚定了自己对国外教学方法的探索和研究，以指导自己的教学。通过比较中外英语课程设置及教学手段的差异，学习澳大利亚英语教学中的一些先进之处，找到二者的最佳结合点，并尝试在课堂上努力实践。本文通过对国内和国外两种英语教学实践的比较，并结合自己的教学实践浅谈教学体会，希望能给国内当前新课改下的英语教学，带来一点启发和思考。

一、中澳英语教学模式的差异

1. 教学目的

近年来，国外外语教学理论界都特别强调把激发学生学习兴趣放在重要位置，强调要让学生在轻松愉快的气氛中学习外语。国外的外语教学理论，如自然教学法、情景教学法、功能法等，都有很好的效果，也对我国的英语教学产生了积极影响。

英语教学旨在培养学生的听说读写能力和英语交际能力。但国内英语课往往成为语法讲解课，培养的是纯语法能力，结果学生做练习题时得心应手，在交际情景中却束手无策。外语教学的目的是进行跨文化交际，培养在具有不同社会文化背景的人们之间进行交际的人才，而交际能力除了语法能力之外，更重要的是语言应用能力——社会语言能力、语篇能力等社会文化能力。但国内的教学方式，却不能完全实现这一目的。

而澳大利亚的英语教学，却较好地实现了这一点。澳大利亚的英语教学尊重学生的个性与人格，以培养学生主体精神、创新精神、实践能力为核心。澳大利亚的老师重视对学生获取知识、解决问题的过程的深刻理解以及提高语言的应用能力。在课堂里教师强调学生的学习过程，鼓励学生尝试不同的解决问题的途径。不管答案是否正确，教师总是予以赞赏。学习重在培养兴趣。有了兴趣，学生才会积极主动地投入其中，达到理想的效果。澳大利亚的教育方式是根据学生个人的需要、能力与兴趣而设，使每个学生都得以发挥其各方面的潜能，培养学生的语言交际及应用能力，灵活地运用英语这一语言工具，并能熟练运用于各行各业中。这对于当下我国中学英语教育是一个很好的借鉴。

2. 课堂教学形式

澳大利亚推行的是小班化的教学规模。一个班只有几个或十几个学生上课。由于中国教育的基础较薄弱，学生较多，学校相对较少，并且牵扯到师资问题，通常的教育情况是五六十名学生听一名老师授课。由于在硬件和软件等方面还存在诸多问题，一些学校目前推行小班化教育的条件还不成熟。

而澳大利亚小班化的教学规模，非常有利于学生英语语言的学习，有助于学生听、说、读写能力的提高。小班教学学生人数较少，这样就给他们提供了更多用英语交流的机会，同时老师可以有足够的精力照顾到每一个学生：针对每个学生不同的情况，使用不同的教学方案。并且，教师进教室没有任何固定的僵化形式，学生们随便坐着，无拘无束，思维活跃，积极性很高，教师讲课，形式灵活，可以在轻松的交流和诱导式教育环境中实现预先的教学目的。教学过程中，师生交流频繁，学生可以随时质疑，教师能够给予积极的回应。师生在整个交流过程中，始终洋溢着积极主动、轻松自如的气氛，在潜移默化中，调动了学生的积极性，提高了学习的效率。

3. 课堂气氛

在中国的课堂上，有时老师在激情洋溢地授课，但讲台下面是一派死气沉沉的景象。学生们在上课时已经习惯了不停地抄笔记，然后就是静静地听着老师的授课内容，很少与老师交流，或质疑老师的授课内容是否真实可信。

而在澳大利亚，上课时老师们不是满堂灌，注重活跃课堂的气氛，师生关系融洽。他们在课堂上全情投入，想很多点子来帮助学生理解，然后调动起所有学生的热情。他们常用友善的幽默、伴随着微笑的目光，与学生进行交流。他们鼓励学生提出自己的见解，甚至希望学生不断对自己的授课提出质疑。课堂上不时有欢快的笑声，这正是寓教于乐教学的一种具体生动的体现。

4. 教学内容

部分中国老师的授课，是根据教学大纲，根据课本，将学生应该掌握的单词及语法知识灌输到学生的脑中。结果，很多学生仅仅是为了考试而学习，而不能在生活中灵活运用自己所学的知识。

澳洲的教学内容相比中国的有很大的灵活性。

（1）教材形式多样化，教学知识面广泛，课本与教师补充材料结合使用。澳大利亚的英语教学内容没有统一的教科书。学校提供各式各样的英文原版小说、诗歌、散文及经典影片，学校根据学生自己的兴趣和实际情况选择进行学习。老师们大幅度精简传统、陈旧的知识内容的同时，通过查阅图书资料、上网等，大量广泛增加新兴的、现代的知识内容，编排成材料给学生学习。这样一来，不仅培养了学生的兴趣，更重要的是拓宽了他们的知识面，培养了很好的文化底蕴，有利于学生英语综合能力的提高，避免了死读书的局限性。

（2）重视阅读。大量阅读对英语学习至关重要，没有大量阅读很难学好英语。国内学生的一个通病是阅读量太小，拘泥于短文章上的“精耕细作”，产生不了语感，因而口笔语都缺少“外国味”，并且导致了许多学生的厌倦。而澳大利亚的英语教学则是通过大量阅读文学作品和外国报刊提高学生的阅读能力。阅读内容的丰富多彩，帮助学生扩展了思维，掌握了社会生活各方面的信息，从而让学生们渴望阅读。

（3）重视写作。写作最能使人感到英语学习上的不足，最能提高对语言的敏感性和吸收能力。实践证明：好的作文是（学生）写出来的，不是（老师）改出来的，多写才能出好文章。澳大利亚的英语教学，经常是学生们带着老师给出的作文话题，下课以后，到图书馆，到网上去搜集一些材料，然后根据自己的思考，合理利用材料完成1000字左右的作文。但国内大部分中学英语教学，很少有这种写作练习。即使是一般的中学英语考试，写作占的分值比重不大，要求的字数也往往在100字左右。学生的思维空间很难被扩展，英语语言应用能力的提高相对缓慢。

5. 教学方法

在国内的课堂上，一般都是老师传授知识，学生以记录式听讲为主，教学总是以教师为中心，学生围着教师，即所谓的“单向性灌输教育”，学生显得较为被动，很难表达出自己的思想。虽然有很多教师试图用启发式教育来开拓英语教学的路子，但是由于学生长期形成的固有的听课模式和升学压力，以及教师本身在应试教育和素质教育之间的尴尬，使得这种实验往往无疾而终。而国外课堂以学生为中心进行讨论。澳大利亚的教育是以教师指导管理为主，以讲授为辅的“启发式”“讨论式”教学即“双向性互动教育”。这种差别是造成中国学生综合思维能力相对不高的原因。教师积极启发学生思维，学生积极自主学习，会给目前新课改的教学情况注入勃勃生机。

“启发式”教学有助于培养学生批判性思维、多向思维和善于思考的习惯，激发学生主动学习的兴趣。它可以使教师授课从单向式的灌输转变为与学生讨论的双向互动性的教学方式，通过教师不断设问，促使学生变被动接受为主动思考和探求，把握重点和难点。“讨论式”教学是鼓励学生积极参与教学活动，让他们充分发表自己的见解，提倡教师和学生之间、学生与学生之间开展讨论，互相切磋、互相启发，以加深对新学理论的认识，提高对现实问题的洞察分析能力。在整个活动中，学生学会了真正地去倾听别人的讲话，并且会去思考如何以一种有益有效的方式来回应别人或提出一个更能够加深讨论度的问题，而不是仅仅去想轮到他们应该怎么发言。讨论的形式可以采用：

（1）小组式讨论；

（2）讨论宣讲式（小组讨论后，由选出的代表宣讲小组答案）；

（3）角色扮演式（学生提问、学生解答并竞争“上岗”）；

（4）提问式（教师提问，学生解答）；

（5）连锁反应式（后者补充或评论前者）。

对老师而言，教学的重点不在于传授某种知识，而在于指导学生掌握研究方法，培养学生的自学能力。有位澳大利亚的老师曾这样说过：“有两个东西比死记硬背更重要，一个是要知道到哪里寻找所需要的知识；再一个是综合使用这些知识进行新的创造的能力。但是，如果要死记硬背，既不会让一个人知识丰富，也不会让一个人变得聪明。”我想澳大利亚的教育的强项大概就在于此：老师们没有把学生顶到天空中，但他们给予了学生们飞翔的方法。

6. 对学生的评估检测和考试

考试、检测是评估教学效果的惯用手段。一方面尽管国内近年来对英语能力的考查有所侧重，但事实上现在的考试仍然没有完全摆脱单纯的书面语法考试的影响。故导致在复习备考阶段，大部分时间还是花在了语法复习上。因此这种评估检测手段亟待改革。

另一方面，中国学生是否能升入大学，仅仅是通过高考成绩决定的。其实，一次考试并不能代表一切。一锤定音的考试，使学生的负担越来越重，并不利于高校的选拔。澳大利亚英语教学则更强调学习过程。像中文、英语这种语言科目，平日学校课程评定（SAC，School Assessed Coursework ）成绩竟会占学生大学本学科入学成绩的50%！这样，学生的学习状态就不会忽紧忽松，让学生在学习中能有一个良好的心态和平稳的状态，更有利于学生的学习和发展。

二、中澳英语教学实践的体会

在VCE英语教学中，我借鉴了澳大利亚的教学模式，并将其与学生的学习特点相结合。以下是我所获得的一些经验和体会。

1. 营造学生主体性发展的氛围

激发学生的主体情感，营造一种愉悦、宽松、平等、合作的课堂氛围，让学生有积极的情感体验，从而达到培养学生学习兴趣、提高学习效果的目的。我在课堂上努力做到情绪饱满，充满信心，带着轻松自信的情绪走进课堂，以良好的情绪影响学生。当学生出现发音、拼读等错误，当学生由于胆小、害羞而不敢开口，当学生根据他们的理解错用语句时，我总是给予他们充分的谅解和适度的宽容，鼓励他们多开口讲英语，而不是嫌他们“不聪明”“耽误时间”。渐渐地，我发现，师生间的距离缩短了，学生们在成功的体验中增强了信心，学生主动性学习良好的氛围已慢慢形成。

2. 采用双向的讨论式教学方法

中国的英语课堂教学很多时候老师的讲解形式过于单一，总让学生记忆很多东西，使得不少同学把英语当成了一味背诵的课程，总认为英语难学。在VCE教学中我更加强调学生动嘴、动脑的能力，更加注重对分析事物等综合能力的培养（这与现在的“教改”的思想很接近）。在学习科幻电影*Gattaca*（《变种异煞》）时，每节课我都给学生一定的时间就电影中的某个观点、某个人物、某项事件展开讨论，并把自己的想法说出来，互相交流看法。一同研讨问题，我们分析故事的情节，分析人物的性格，分析电影的主题，以不同的角度看待同一事物。一堂课上学生们经常为一个问题争论得耳红面赤，不知不觉，学生分析问题的能力提高了，英语表达的能力也提高了。

3. 精心设置学生活动

英语教学的实质是交际，是通过活动表现的。活动是更新教学观念，开创英语教学新局面的一个重要支撑点。活动是转变教学方式的关键。课堂教学中主体作用的发挥更是通过学生参与的主体活动实现的，因此要精心设计学生活动。在学习小说 *The Wife of Martin*（《马丁格尔的妻子》）的过程中，由于这部小说写的是16世纪的法国，历史久远，学生不容易理解，因此我就让学生自由组合为表演小组，对每一个故事情节进行话剧表演，演出前我还进行小组辅导，帮着他们准备道具，理解剧情。有时我还参加小组的表演，师生一起登台表演，这样以来不仅可以增进师生感情，减少学生在表演时的心理负担，更重要的是能使小说的内容得到活化，深化了对主题的理解，并增强了语言运用的交际性。

4. 提倡自主式学习

教学要着眼于发展，着眼于学生学习能力的可持续发展。因而课后所布置的作业必须是课堂内容的继续深化、提升和拓展。此外，课外作业也应注重语言能力的培养与训练，让其成为学生进行技能发展的自主型学习活动。在课上深入理解后，课下我给学生足够的空间去查阅资料完成他们的作业。在我们学习小说 *The Wife of Martin Guerre*（《马丁格尔的妻子》）时，当学生们第一次为800字的作文忙得焦头烂额时，第一次为论文查找资料时，他们体会到了学习英语的酸甜苦辣，但是最后他们所写成的800字的作文成了他们的自豪，查找的论文资料也成了他们的财富。他们渐渐地发觉英语不再是以前的枯燥单一，他们开始喜欢上了英语。澳洲的老师多次评价学生的作文深刻而有见地。这不能不说体现了中澳教育模式较好的结合给教学所带来的飞跃。

三、中澳英语教学实践的收获

两年多的英语教学实践和努力，换来了骄人的成绩。

“中澳班”学生的英语平均成绩一直处于平行班第一名，同时受到学习英语方法的影响，其他科目的成绩也有了不同程度的提高。在2005年的“中嘉杯”中央电视台第六届“希望之星”英语口语风采大赛中，李梦同学荣获山东赛区一等奖，刘佳铭同学荣获青岛赛区一等奖，鲍昆等8位同学分荣获青岛赛区三等奖及优秀奖。

2005年首届“中澳班”VCE考试传来佳绩，全班参考人员都达到了澳大利亚大学录取线，有10人获得世界著名大学——墨尔本大学、悉尼大学、莫那什大学、阿得莱德大学、麦考瑞大学等的本硕连读资格，其他同学也获得了澳大利亚著名大学的录取资格并收到了录取通知书，实现了学生们跨入国外理想大学的梦想。

“中澳班”的学生与同龄人相比，有了更多的生活体验，有了更多的知识储备，有了更广阔的发展空间。在他们身上你能发现很多的闪光点，这并不是分数可以衡量的，它更多地体现在他们独立、自主、创造、实践上，这是一种需要用心去体会，用爱去理解，用时间去检验的宝贵财富。他们是在快乐中收获，在愉悦里实现自己的理想。我想，之所以要教育一个孩子，目的是希望他能有所成就，希望他能在社会中立足，希望他能幸福一生。国内目前的课程有益于让学生拥有充足的知识，却不意味着学生一定会有一个好的前程。真正的教育，不应该局限于学生一时的成绩，而是应该为学生的未来着想。

我通过对英语教育教学问题的学习、实践、研究及思考，浅谈了中澳英语教学模式的差异，希望能够“抛砖引玉”，借此能给国内英语教师的教学一点启发，尽快地找到，既能适合学生发展又能充分发挥学生主体性的创新教育模式，充分发现、尊重、发扬每个学生的个性与特长，因势利导，让学生在实践和锻炼中走向成才！

图 6 “中澳班”首届学生毕业典礼

图 7 “中澳班”首届教师颁发澳大利亚优秀教师称号

碰撞与思考

——我在英国当老师的体验

前一阵子，网络上曾经热播英国广播公司（BBC）纪录片《中国教师大战英国熊孩子》，5名来自中国的中学教师，到英国汉普郡一所顶级中学，对50位13~14岁的英国学生进行为期一个月的“中式教学”，遇到了极大的挑战。很多人问，为什么中国式教育会在英国受到如此大的阻力，到底我们的教育方式哪里出现了问题？我不禁想起了几年前自己在英国的一段教学经历，感触颇深，仿佛就在昨天。

作为英国盖普项目的交流教师，我在英国西南部普利茅斯市的希尔斯学校（Hele's School）任教汉语一年。在一个文化完全不同的国家教授汉语，在这一过程中，我不仅深刻体验到了中西方文化的差异，自己的教育教学方式、教育观念也受到极大的冲击。

一、改变：英国教学初体验

希尔斯学校成立于1658年，是一所拥有300多年历史的公立学校。学校开设5门外语，其中就有汉语，汉语的开设已有7个年头，教授对象主要是七、八年级的学生。全校1400多人，全都接触过汉语课，而且学生兴趣浓厚。

然而，作为中国的英语教师到英语国家教授汉语，同为外语教学，在国内与国外教学模式上却有着不同。在国内高中英语的教学中，习惯了课件展示和“满堂灌”的教学方式，刚到英国的中学教习汉语时，难免带有国内教学的习惯。刚开始学生出于好奇，课堂氛围还不错，可是后来，我慢慢地发现他们对课堂上汉语的学习不再那么感兴趣，越来越坐不住，纪律也乱了起来。

于是我咨询了其他老师，了解的学生的喜好。课堂上不断变化着花样：找词游戏，击鼓传花，剪刀石头布，唱歌，跳舞，表演都带入了课堂。学生们学习的积极性顿时提高了，小小竞赛竟会是那么的激烈，学生们体会着小小的成功给他们带来的乐趣，当然第一名还会送上他们心爱的中国贴纸。

英国的学生喜欢自由、民主、愉悦的教学方式，而不是强压的命令和纪律，传统中国式的教学很难被他们接受，如果课程设计得不够生动有趣，学生的注意力很快就分散了。为了丰富课程内容，我还给学生介绍更多和中国相关的文化知识。比如，除了会话课程以外，适当地让学生们观看中国曲艺、电影、北京城市介绍、中国美食介绍等纪录片。生动形象的影像不仅培养了学生们的兴趣，还帮助他们了解了中国的文化。渐渐地，学生越来越期待汉语课，他们觉得中国的文化很新奇，很有意思，纪律问题也慢慢地迎刃而解。

图 8　在英国希尔斯学校教授学生中国剪纸

二、差异：中英教育之比较

随着在英国教学的逐步深入，我深深感受到了中英学校教育的差异，这种差异，不仅仅在教学方式上，还表现在教育理念、教学目标、课堂形式等方面。

1. 学校教育理念

英国的教育尊重学生的个性与人格，以培养学生主体精神、创新精神、实践能力为核心。英国老师重视对学生获取知识、解决问题过程的深刻理解以及应用能力。学生根据个人的兴趣自主选择学校的课程，使每个学生都得以发挥其各方面的潜能。

而中国的教育往往重视考试的合格率、平均分，学校的升学率等，有时忽视了学生的个性发展和终身发展。这种重视学生个性自由发展的教育理念对于当下我国进行的选课走班是一个很好的借鉴。

2. 学校教学目标

英国国家数学能力中心的调查显示，在英国，约 49%的成年人只有小学生的数学水平，1/3 的英国人没有计算器的话，就得掰着指头算。英国高中生毕业时的数学水平也只不过相当于中国的初中生水平。那么英国的课堂都在做什么？ 在英国我慢慢了解到，他们的课堂很注重培养学生的动手动脑能力，课堂上老师变换多样的教学形式，启发式的教学模式，让学生充分地理解，充分掌握，他们让学生掌握的是一种解决问题的能力，他们给学生培养的是一种创造思维的能力。

中国的基础教育注重知识掌握，知识有深度有难度，基础知识掌握扎实。近几年上海学生参加国际学生评估项目测试（PISA）两度成绩“全球第一”，可以说是中国重视“双基”教育的充分展现。中国注重基础能力的培养，学生有着极强的运算能力和认知能力，但是其中的一些潜在问题也值得我们深思，尽管当前中国的教育教学改革，也在逐步关注创新，重视创新能力的培养，但在思维能力和创新素养的培养上仍存在一定问题。

3. 课堂教学形式

英国实行的是小班化教学。一个班只有几个或十几个学生上课。小班教学使得老师可以有足够的精力照顾到每一个学生，针对每个学生不同的情况，使用不同的教学方案。并且，教师进教室没有固定的形式，学生们随便坐着，无拘无束，思维活跃，积极性很高。教师讲课，形式灵活，可以在轻松的诱导式教育环境中实现预先的教学目的。教学过程中，师生交流频繁，学生可以随时质疑，教师能够给予积极的回应。

由于我国人口多，教育的基础相对薄弱，投入的资金和基本建设不足，学校班额较大。近几年，随着经济发展和教育教学改革的深入推进，青岛推行小班化教学取得了突破性的进步，但是相比国外，学生人数还是相对较多。人数多少只是“量”的差异，如何做到“质”的改变，是我们亟须解决的问题，所以教师个性化教学刻不容缓。

4. 教师教学方法

在英国，上课时老师们善于数活跃课堂的气氛，师生关系融洽。他们在课堂上全情投入，想很多的点子来帮助学生理解，然后调动起所有学生的热情。他们常用友善的幽默、微笑的目光，与学生进行交流。他们鼓励学生提出自己的见解，甚至希望学生不断地对自己的授课提出质疑。课堂上不时有欢快的笑声，这正是寓教于乐的一种具体生动的体现。

英国的课堂教学，课的容量并不大，关键是通过各种学生感兴趣的活动，使他们快乐学习并掌握知识，如果学生学得既开心又有收获，就是一堂非常成功的课。而我们在沉重的高考压力下，往往淡忘了激发学生的学习兴趣。中国课堂上，最常见的就是老师在激情洋溢地授课，但讲台下面是一派死气沉沉的景象。学生们在上课时已经习惯了不停地抄笔记，然后就是静静地听着老师的授课内容，很少与老师交流，甚至很少质疑老师的授课内容是否真实可信。

5. 学生学习任务

在英国，学生 9 点上课，下午 3 点半放学，在校时间短。学校里学生选择的喜欢的课程，兴趣爱好可以在学校里培养和发展，没有额外的补习班和特长班。课上老师教学灵活多样，相对中国容量小，课下老师会根据学生情况布置一些灵活的探究性作业，学生压力小，课业负担小。

课业负担重则是中国教育的一个显著特点。报告显示，上海七成以上中小学生在 6 点半之前起床，高中生的睡眠时间集中在晚 10 点之后，学生一天学习的时间 10 多个小时，处于睡眠不足状态。除了学习之外，中国的家长还给孩子报了各种补习班、特长班。中国学生成绩的优异，付出的是学生课内外作业负担重的代价。这种高负担学习会对学生的好奇心、持续学习的能力、天趣童真带来了隐性的损害。

三、融合：中英教育再思考

在世界全球化的潮流下，任何一个国家和地区都不可能封闭发展，教育作为一个行业，也是如此。当前，不同国家、地区之间的教育交流日益频繁。在教育教学改革中，我们不断学习借鉴外来先进教育理论和方法，学校开始了小班化教学，电子书包等先进的信息技术辅助教学手段得到应用推广，选课走班，多元化评价正在铺开。

然而学习不是照搬，任何教育都有自己植根的土壤。中国的教育搬到英国会水土不服，而英国的教育搬到中国同样会出现此类状况。教育是多样性的，各个国家的教育方式是可以相互借鉴和彼此融合的，博取众家之长也是教育的必然。如何找到二者的最佳结合点，也是我们教育工作者需要思考的问题。

首先，教育要培养学生发展自我的能力。教育不在于教多少知识，而在于培养发展的能力。作为教师，我们应该重视对学生获取知识、解决问题能力的培养。通过各种学生感兴趣的活动，使他们快乐地学习并掌握知识，进而掌握学习的方法，获得自我发展的能力。

其次，教育要培养个性化的人。每一个学生都是独特的，每一个学生都需要个性化的教育和培养方式，每一个学生都能成就无限的可能。世界需要多元化的人才，而所谓的人才不能仅靠“分数”来衡量。作为教师，我们应该把更多的时间留给学生，让他们学会自主学习，独自思考，而不是长时间被禁锢在校园里、教室里。让我们把自由还给学生们吧！

再次，教育要培养学生的创造力。创造力是孩子学习的动力，是他们重要的潜能之一，也是精英人才具备的一个重要能力。作为教师，我们应该摆脱应试教育的传统思想，真正地培养学生的综合素质。重点培养学生的发散性思维，通过动手及社会实践等活动来培养学生的创造力。课堂上，我们需要让学生掌握的是一种解决问题的能力，我们需要给学生培养的是一种创造思维的能力。

从青岛到希尔斯，一年的英国之行，它将成为我成长历程中最靓丽、最珍贵的一段回忆。作为中国人，我深感骄傲与自豪；作为中国教师，有许多值得我去学习与思考，用行动去好好实践。

图9　在英国“中国周”活动中教授学生写书法

小班化背景下高中英语个性化课程资源开发研究

一、课题研究问题的提出

随着经济全球化的迅速发展，教育国际化的趋势亦日益明显。我国教育模式在开放的教育环境中也在不断地发展和完善。《国家中长期教育改革和发展规划纲要（2010—2020年）》指出："推动普通高中的多样化发展，推进培养模式的多样化，满足不同潜质学生的发展需要，探索发现和培养创新人才的途径。"

从理论的高度审视教学，长期以来，高中英语教学一直以学科课程为主，注重书本知识的学习，因而在学生知识结构的完善、能力的训练、兴趣爱好的发展及个体特长的培养等方面就有所欠缺，妨碍了学生的全面发展。结果，很多学生仅仅是为了考试而学习，而不能在生活中灵活地运用自己所学的知识。

2011年4月8日青岛市教育局批准我校2011年招生政策，率先进行小班化试点，为学校改革发展提供了难得机遇，比全市规划目标提前10年试点。小班化教育不仅增强了教育管理、课堂教学效果，同时也使学生的潜能得到了更好的发挥，有助于每一个学生受到均衡、充分的教育，让每个人都拥有充分发展的自由。

本课题的成员从事英语教学工作多年，经历了学校从大班到小班变化的全过程，对小班化班级教学有着切身的理解，在教育观念上发生了很大的转变。在小班化改革由"浅水区"的大胆实践走向"深水区"的理性反思之际，深感班额数量的减少带来好处的同时，还应该抓好学校实施的课程整体优化，特别是在科学实施国家课程的前提下，努力开发具学校特色的校本课程显得尤为重要。并坚持边教边查找并分析问题所在，不断进行总结与反思，以能促进小班化教育教学的深刻变革，实现学校教育教学水平与质量的全面提高。

本课题研究的目标是在小班化背景下如何使高中英语个性化课程资源的开发更有效，如何对成长中的青年学生的未来产生意义深远的影响。促进每一个学生学习质量提升的校本课程是学校推进小班化教育进一步深化的构想与实践。

二、主要研究内容与方法

小班化背景下的英语校本课程开发是一项综合的课题实验，应研究的内容很多，现提出所要解决的主要问题如下：校本课程教学工作的特点、规律，如教学组织，课程设置，课堂教学，教学模式，教学评价与考核等。

本课题采取以行动研究为主的应用性研究策略（行动研究法包括“计划、实施、反思与评价”三个环节），同时采用文献法（查阅国内外有关文献资料），辅以互联网资料搜集，外加对学生和教师进行问卷调查、访谈、测评等方法进行现状调查。

三、研究结果及其分析

近两年来，学校领导班子确立了学校小班化适才教育的发展思路。对校本课程的开发学校领导给予了极大的重视和帮助，全校上下牢固树立改革意识，为学生发展护航。每年学校都选派优秀教师参加国内外各种观摩、培训。特别是学校先后派近 30 名干部教师到澳大利亚考查小班化教育管理。很多教师对国内外英语教学的先进理念和手段都有所了解，在平时的授课中也有涉及。

目前，学校的硬件教育教学设施齐全，各教室配备了先进的多媒体互动教学设备，能够满足校本课程的授课需要。在英语校本课程的探索过程中，我们思考着如何才能提升英语校本课程的质量和品位。

1. 教材的编排

在英语学习过程中，对于异域文化背景知识，学生已不满足于简单的社交礼仪和风土人情，他们渴望诸如异域政治、历史、经济、教育、时事等更高层次的文化学习和吸收。因此，在编排课程的过程中，可以多开些介绍英语国家知识以及时事阅读的课程。

2. 协调国家英语课程与英语校本课程的关系

提高英语校本课程的质量是中学执行国家课程计划中不可缺少的一部分。国家课程应属于第一课堂，英语校本课程为第二课堂，二者相互弥补，又有主次之分，不能投入同等精力。大多数教师对于这点认识还是比较清楚的。英语校本课程开发需要教师有较强的责任心。

3. 英语校本课程的课时保证问题

英语校本课程课时安排需调整大部分英语校本课程每两周只有一课时，这对于课时需求量大的课程来说远远不够。比如英语原版电影欣赏过程，学生听教师介绍情节、学习词汇之后就没有多少时间来欣赏了。下次再上课时，词汇已忘记得差不多了，情节也模糊了，学生上课时始终没有一种整体感，往往留下许多遗憾。学校应根据具体的课程安排合适的课时。

4. 合理兼顾学生兴趣和学科能力培养

我们在英语校本课程开发和实施中往往会过分重视学生的兴趣，忽视教学目的经过调查。我们发现选择英文原版影片欣赏、英语视听的学生较多，大部分人选择的原因是这些课要求不高，情节有趣，比较轻松，很容易拿到分数。而一些要求相对过高的科目，如英文写作、英语剧则差强人意。因此，在课程安排方面，在兼顾学生兴趣的同时，也要注意提高学生自身的素质，做出合理的调配，从而达到教学目的。

5. 英语校本课程开发的评价

评价也是英语校本课程开发的重要组成部分。评价的主要目的在于对英语校本课程实施过程进行解释，发现这一过程中存在的问题，以便有针对性地改进英语校本课程。

校本课程的评价应该包括两个方面：一是学生学习成绩的评价，二是对课程本身的评价。学生能力的评价可以从以下方面考虑：学生是否有了变化？变化大吗？在班级之间、年级之间、小组之间的学生学业水平是否存在差异？对课程本身的评价可以考虑需求分析是否全面，选择的内容是否适合教学目标，教学内容的编制是否符合学生的认知规律，校本课程的呈现形式是否符合实际等方面。

本课题紧密结合英语教学实际，以教师专业发展的核心要素，把教师日常教学工作与教学研究融为一体，促进教师专业道德与专业水平的提高。成果涉及面广，易于操作，具有很好的应用价值。

①通过本课题的研究，拓展了课程资源的广泛开发和利用对教与学效能的支撑功能，并通过广泛的多层次实验和实践获得理论性的验证。

②激发了学校、教师、学生等科学利用和合理开发课程资源的主动性、创造性与独立性，促进对基于资源的教与学的理论认识和实践有效途径的形成。

③拓宽教与学的渠道，揭示了多元性课程资源与有效教与学之间的有机关联，以及有效资源设计和教学设计之间密切而不可分割的关系。

④构建了广泛开发和利用英语教育资源与有效教与学关联研究的实践框架。

四、创新之处

学校在推进小班化改革过程中，深入探讨个性化教育。积极探索个性化教育的课堂教学模式，探索符合个性化教学目标，体现小班学习特征的方式、方法，形成五环节教学新模式。丰富选修课程，增强课程的可选择性、开放性；为不同发展潜能的学生提供个性化指导。积极探索信息技术支持下个性化学习的研究，加大现代化教学手段，如电子白板、电子书包等在教学中运用研究力度，提高学生创新思维和实践能力。我也积极参与其中，大胆探索与实践。

1. 树立了新的课程资源观

通过本课题的研究，我们对高中英语课程资源的理念有了新的认识和思考，走出了“教科书是唯一课程资源”的狭窄天地，使课程由狭变广，由静变动，课程资源由课堂延伸到课外，拓展到社会的各个方面，将学科知识、学生生活、社会资源有机地整合在一起，拓展了教学的视野。

2. 构建了英语课程资源的开发体系

课程资源的开发与利用事关新课改的成败，为了避免走形式，构建课程资源的开发体系至关重要。因此，我从教师意识、理论指导、资源策略、途径方法、开发能力和管理评价六个方面构建了课程资源的开发体系，为高中英语课程资源的开发与利用奠定了较好的基础。

3. 建立了课程资源库

新课程背景下高中英语课程资源开发与利用是一个长期的、开放的、动态的、发展的过程，对课程资源的开发程度决定课程的深度和广度，尤其是对课程内容的丰富性和教学方式的多样性产生直接的影响。我从实际出发，在实践中不断补充和完善，使资源库（教案库、课件库、试题库、论文库、课题库等）的内容更加丰富，更加具有活力。

4. 促进了学生的发展

课程资源开发的价值首先是学生的发展。这里有两层含义：一方面，学生的发展将受益于大量丰富的、具有开放性的课程资源的开发和利用；另一方面，学生的生活经验、感受、兴趣、爱好、知识、能力等构成课程资源的有机部分。学生应创造性地利用一切可用的资源，为自身的学习、实践、探索性活动服务。因此，在英语课程资源开发过程中，我们根据学生个性潜在的独特领域和生长点，承认学生的个性差异，尊重学生的不同兴趣爱好，使不同个性、不同层次的学生都有所发展，既突出了新课程所追求的理念，也体现了课程资源开发的重要意义。

5. 促进了教师的发展

课程资源的开发与利用对教师提出了新的专业能力要求，即课程开发的专业素养和能力。教师要成为学生利用课程资源的引导者、开发者，就必须具备根据具体的教学目的和内容开发与选择课程资源的能力，充分挖掘各种资源的潜力和深层次价值。课程资源的开发与利用带给老师的是精神领域、知识领域和技能领域的变化。一是，课程资源的开发与利用对教师的精神世界有重大的影响。二是，有利于教师知识结构的改变。三是，课程资源的开发与利用有助于提高教师的课程开发能力、研究能力、教学能力。

6. 构建了新的教学模式

新课程背景下高中英语课程资源开发与利用应该具有很强的创意性，为此，我突破了传统的教学模式的束缚，不断运用创造性思维进行探索，积极吸收其新思维、新方法，通过认识—开发—实践—总结—提高的过程，逐步形成具有自身特色的现代教学模式。

7. 高中英语课堂中高度融合信息技术

信息技术的应用改变了传统教学模式，学生课堂的参与度得到明显提高，学生真正成为课堂学习主角。学生利用电子书包阅读、测评、互动讨论；教师利用电子书包批改测评、答疑解惑；学生通过电子书包上传自己的作品等，同学之间进行点评交流，相互学习，极大地提高了学生的学习兴趣和参与程度。课堂以自主合作探究的课堂模式为核心，结合学校的五环节的教学理念，构建了有序、高效、互动、和谐的教学课堂，展示了如何在高中英语课堂中融合电子书包等新技术促进学生的个性化学习，收到了良好的效果。

8. 形成了学校特色

在开发与利用高中英语课程资源的过程中，我根据学校和学生的实际，精心安排教学内容和设计教学方法，开展有特色的教学活动，从而形成学校的教学特色。积极组织学生开展丰富多彩的有关英美文化的研究性学习。学生以小组形式，自行确定课题，制订计划，进行研究、对比、分析、讨论，写出研究报告，公开展示成果。经常让学生在校园广播中用英语播报时事新闻、英语短文、趣闻逸事等，在大型活动如运动会开幕式上用英汉两种语言介绍实况。开设英语角，让学生就相关话题进行英语口头交流。

五、存在的问题与后续研究

（1）在个性化课程开发过程中，学生的个性发展是目标，教师的专业发展是条件，学校的特色形成是结果。我们应该充分认识到自己学校的优势和风格，进而通过个性化课程开发形成特色。课程评价是课程开发不可缺少的一部分。个性化课程只有实施科学的管理和评价，才能实现预期目标。

（2）个性化课程开发不是一次就能完成的，而是长期的反复的过程。实践是检验真理的唯一标准，我们应通过实践不断修改和完善此课程。它是一个循序渐进的过程，只要我们认真对待，科学操作，坚忍不拔，就一定能促进学生的发展、教师的发展和学校的发展，从而促进教育的发展！

（3）个性化教学的信息技术更好地服务于教学。电子书包操作更简单便捷将会更受欢迎，可以缩短备课时间，提高效率。功能和资源须进一步完善，为教学服务，为学生更好地实现自主的学习奠定基础。

（青岛市教育科学“十二五”规划课题研究成果）

中学英语阅读教学与读写能力培养研究

一、课题研究问题的提出

1. 研究的问题及背景

（1）新高考改革背景：2018年教育部印发《普通高中英语课程标准（2017年版）》，在考试大纲中，着重明确了高考“考什么”，即必备知识、关键能力、学科素养、核心价值。教育部发布《普通高中课程方案和各科课程标准（2017年版）》，首次提出凝练“学科核心素养”。培养学生学科核心素养，将成为当下英语教育教学亟须思考并及时调整改进的重要问题。

（2）高考英语内容和形式的变化：随着新高考英语改革的不断推进，对学生的综合英语能力的培养，尤其是对阅读和写作提出了更高的要求。高考英语不再是过多的选择题，而更加强调的是学生的应用能力，大量的原汁原味的英语阅读必将给高中生带来整体英语水平大幅度的提升。2020山东的高考英语增加了对阅读与写作的考察，更加符合“培养全面发展的人才”的要求，符合素质教育对于学生主体的尊重。

（3）高中英语教学现状：目前，青岛市高中学校的阅读课教学大都是碎片式的阅读，精读研究较深，要么翻来覆去研读课本，阅读量少；要么让学生题海战术做题，极大地限制了学生的阅读能力和兴趣。写作课更是蜻蜓点水，教师和学生重视度不高，学生写作的练习机会和老师的指导相对较少，学生的写作较为模式化，也极大地限制了学生语言的应用能力。

（4）学校研究现状：我们在充分研究《国家中长期教育改革和发展规划纲要（2010—2020）》《普通高中英语课程标准（2017年版）》的前提下，探索适应学生身心特征和课程要求的有效教学模式，改进教法、学法，引导学生主动思考、乐于探索，提高学科成绩和学科素养，成为一个爱阅读、会写作、会表达、有思想、有情操的人。为学生的终身发展打下基础。随着经济全球化的迅速发展，教育国际化的趋势亦日益明显。

2. 研究的目的与意义

（1）提高英语学习兴趣。学生对英语产生浓厚的兴趣，喜欢阅读和写作，喜欢表达。学习英语不再是完成任务，学生的人文素养等整体素质有了较大提高。

（2）提升自主学习能力。教师依据英语学习活动观，改进教法、学法，设计适应学生身心特征和课程要求的学习活动，形成独特的教学模式，引导学生主动思考、乐于探索、勤于动手。

（3）培养学科核心素养。培养学生的创新思维和实践能力。提高英语学科学生的语言能力、文化意识、思维品质和学习能力的核心素养。

3. 核心概念的界定及研究

（1）“学科核心素养”：2018 年教育部印发《普通高中英语课程标准》（2017 年版），着重明确了高考“考什么”，即必备知识、关键能力、学科素养、核心价值。教育部发布的《普通高中课程方案和各科课程标准》（2017 年版），首次提出凝练“学科核心素养”，旨在发展学生的语言能力、文化意识、思维品质和学习能力，形成正确的世界观、人生观和价值观。

（2）“英语学习活动观”：是学生在主题意义引领下，以语篇为依托，整合性地学习语言知识和文化知识，通过学习理解、应用实践、迁移创新等一系列促进语言、文化、思维融合发展的活动，帮助学生以主动、合作、探究的学习方式，实现从知识向能力、能力向素养的转化，把英语学科核心素养的育人目标落到实处，是培养学生英语学科核心素养的重要途径。

通过理论学习研究，确定读写结合英语学习活动，以英语名著、时文阅读等为阅读材料，展开阅读的拓展与学习，在阅读中提升语言素养、文化意识，并通过读后续写规律的挖掘，进一步提高学生的思维品质和学习的能力，是学校推进英语读写教学究进一步深化的构想与实践。

二、主要研究内容与方法

1. 研究思路

通过理论学习研究，确定英语学习活动，进一步提高学生的学科核心素养，基于以上研究思路，现将本研究分为以下六个阶段。

阶段一：文献研究

运用发展英语核心素养的教学策略、英语名著阅读国内外教学策略，进行读写结合理论学习研究，应用英语学习活动观理论学习与活动设计研究。

阶段二：实践研究

善于运用多种手段和方法开展读写英语学习活动。引导学生有效进行自主学习、合作学习和探究式学习。学生的思维由低阶向高阶稳步发展。完成对信息的获取与梳理、概括与整合、内化与运用，从而实现知识的迁移创新。

阶段三：研讨研究

研讨制订三个年级名著整本书阅读和读后续写的教学计划。教研组、集备组共同研讨“三读三写”英语学习活动设计，研讨制定符合学科核心素养的读写结合的导学案。

阶段四：评价研究

“教—学—评”三位一体贯穿英语学习活动。教师要增强“教—学—评”三位一体意识，让学生充分参与课堂学习和评价活动。教学活动既有师生评价，也有生生评价，学生的评价既有学生自我评价，也有同伴间的评价。

阶段五：理论创新

实践研究中每节课课后撰写课后反思，撰写课例，形成读后续写教学法。集体研讨研究中不断提炼提升，凝练成创新理论，全校推广。

阶段六：成果推广

创新理论和学习活动设计方法体系，读写结合教学法在全市及全省、国家推广，带动英语教学改革。

2. 研究方法

(1) 文献研究法：吸取相关理论研究成果，学习各种现有适合高中学生的阅读与写作的材料，给予课题研究理论支持和经验借鉴。

(2) 经验总结法：对读写结合英语学习活动不断进行教学反思，对名著的使用状况、学生的反应做及时记录和整理，形成研究性报告和论文。

(3) 实验法：在高一、高二、高三 3 个年级各选取 2 个班级，进行名著阅读读写结合学习活动，学期中、学期末以及各年级进行纵向和横向的成绩分析与比较。

(4) 观察与调查法：通过课堂观察学生表现，课下与学生访谈、问卷调查等形式，了解学生阅读和写作情况，及时调整读写结合学习活动设计，有效培养学生学科核心素养。

三、研究结果及其分析

(1) 完成《中学英语阅读教学与读写能力培养研究》课题报告，形成学习活动教学法，举行山东省、青岛市及校内公开课和报告，进行推广，进行课堂教学实录，撰写教学课例。在省级以上刊物上发表论文，争取将理论成果形成体系，编写专著一本。

(2) 学生有效进行自主学习、合作学习和探究式学习。通过课前、课上、课后三个环节活动设计，使学生在活动中以自主、合作、探究的方式相互学习、相互促进，不仅知道如何进行阅读与写作，而且获得知识、丰富经验、发展技能、提高能力、养成健康的人格，学习能力也有极大的提高。

（3）英语语言素养提升，语言学习内容的多样性丰富了学生的阅读体验，通过学习理解、应用实践、迁移创新等英语学习活动，整合语言知识、发展与锻炼语言技能、提升英语语言素养。

（4）文化教育功能，通过名著社会背景、作者经历、作品内涵的探讨和挖掘，比较异同、推理论证、赏析评价等活动，从中汲取文化精华，涵养内在精神，形成个人修养，实现知行合一。

（5）思维品质提升，学生通过名著赏析、主题探究，参与感知、理解、整合、内化语言和文化知识，获取信息、处理信息、分析问题、鉴赏评价、自主表达等活动，这是思维品质提高的过程。

（6）“教—学—评”三位一体贯穿英语学习活动。教师增强“教—学—评”一体化意识，从教学设计、教学实施、教学效果三方面对英语语言素养提升、英语文化与名著阅读续写的融合、读后续写促进学生主动学习增强学习体验三方面，建立综合评价表、活动量规等评价体系。

四、创新之处

1. 丰富阅读的内涵与价值

本课题拓宽英语阅读的路径与范围，通过读写学习活动的设计，抓住英语阅读和写作的关键和核心，形成独特的教学法和英语学习活动观。并且将国内外文化融入课堂全过程，探索和总结写作的规律与方法。填补目前英语名著阅读读后续写的研究空白，具有很好的理论价值。

2. 促进核心素养有效形成

《普通高中英语课程标准》（2017 年版）提出的教学建议，实践英语学习活动观，“三读三写”学习活动应用到实际的课堂教学中，有助于学生核心素养的提升。

3. 改变学习方式

活动是英语学习的基本形式，学生通过读写结合学习活动，尝试运用语言理解与表达意义，培养文化意识，发展多元思维，提高自主学习能力。

4. 改变教学方式

教师将读写结合学习活动应用到教学中，对课程内容和教学方式、分别做出调整，既关注学生的语言能力，又关注学生文化意识、思维品质和学习能力的素养。

5. 应用学习活动设计

应用到教育科研中，加以推广使用，加强集备教研，以课题为引领，在教学中研究课题。

五、存在的问题与后续研究

（1）教师要善于运用多种手段和方法开展英语学习活动。采用思维导图、手抄报、话剧表演、讨论归纳总结等丰富多彩的英语学习活动，激发学生阅读和写作的兴趣，完成对信息的获取与梳理、概括与整合、内化与运用，从而实现知识的迁移创新，教会学生在零散的信息和新旧知识之间建立关联，归纳和提炼新知识结构。

（2）教师要引导学生有效进行自主学习、合作学习和探究式学习。课前学生根据教师的问题和活动设计，自主阅读，绘制思维导图，并利用网络资源查阅作家及作品背景，通过小组合作完成手抄报和话剧表演。课上通过赏析名著等，充分讨论、探究、总结，实现深度学习。学生在活动中以自主、合作、探究的方式相互学习、相互促进。

（3）教师要引导学生的思维由低阶向高阶稳步发展。教师引导学生从最初对文本基本内容的理解到写作手法的学习、主题的探讨，最后到写作的应用与实践。教师提出一些从理解到应用、从分析到评价的问题，引导学生思维从低到高发展，启发学生对语篇进行讨论与思考，从口头和笔头两方面表达个人的情感与观点，从而促进思维能力的提升。

（4）师生评价、生生评价贯穿英语学习活动。教师的教学活动既有教师的评价，也有学生自我评价和同伴间的评价，是评价学生学习效果的过程。引导学生学生通过自评、互评，拓展思维。此类英语学习活动培养了学生自主学习的能力，养成了自我反思的习惯，有助于学生成长为责任心强、有担当的人。

（青岛市教育科学“十三五”规划课题）

基于学科核心素养的高中英语名著读后续写“三读三写”学习活动研究

一、研究背景

（1）英语教学以学科核心素养提升为重要依托。2018 年教育部印发《普通高中英语课程标准》（2017 年版），着重明确了高考“考什么”，即必备知识、关键能力、学科素养、核心价值。教育部发布的《普通高中课程方案和各科课程标准》（2017 年版），首次提出凝练“学科核心素养”，旨在发展学生的语言能力、文化意识、思维品质和学习能力，形成正确的世界观、人生观和价值观。

（2）“三读三写”学习活动是英语学习活动观的重要体现，是学生在主题意义引领下，以语篇为依托，整合性地学习语言知识和文化知识。学习理解、应用实践、迁移创新等一系列促进语言、文化思维融合发展的活动，帮助学生以主动、合作、探究的学习方式，实现从知识向能力、能力向素养的转化，把英语学科核心素养的育人目标落到实处，是培养学生英语学科核心素养的重要途径。

（3）英文名著阅读是提高学生阅读能力的有效途径。是相对于当前碎片化阅读，将英语名著的整本书阅读引入课堂，加深了学生对文章本身的理解和文章内涵的挖掘，是英语阅读能力提高的有效途径。对培养学生树立良好的人生观、价值观，实现学生的英语学科核心素养起到了非常有效的作用。

（4）英语名著读后续写是促进新高考改革读后续写的有效方法。在 2018 年浙江省新高考改革后，2020 年山东省新高考英语题型也进行了调整，英语作文增加新题型——读后续写。英语写作部分由原先的 25 分提高到了 40 分，由原先的一篇 100 字作文调整为两篇作文。第一篇是应用文写作（80 字）。第二篇是读后续写（150 字）。读后续写是高考改革后的新题型，是在阅读理解一篇记叙文章后，根据段首提示的句子进行两个段落的续写，这既是对学生阅读和写作能力提出了高要求，更是学生综合运用语言能力的体现。

二、研究价值

1. 学术价值

拓宽英语阅读的路径与范围，丰富阅读的内涵与价值，通过“三读三写”（“三读”是导读、自读、共读，“三写”是围绕情节、情感、语言展开续写。）学习活动的设计，抓住英语阅读和写作的关键和核心，形成独特的教学法和英语学习活动观。并且将国内外文化融入课堂全过程，探索和总结写作的规律与方法，填补目前英语名著阅读读后续写的研究空白。

2. 应用价值

（1）促进核心素养有效形成。《普通高中英语课程标准》（2017 年版）提出的教学建议，实践英语学习活动观，“三读三写”学习活动应用到实际的课堂教学中，有助于学生核心素养的提升。

（2）改变学习方式。活动是英语学习的基本形式，学生通过“三读三写”学习活动，尝试运用语言理解与表达意义，培养文化意识，发展多元思维，提高自主学习能力。

（3）改变教学方式。教师将“三读三写”学习活动应用到教学中，对课程内容和教学方式分别做出调整，既关注学生的语言能力，又关注学生文化意识、思维品质和学习能力的素养。

（4）推动教学研究。“三读三写”学习活动设计应用到教育科研中，加以推广使用，加强集备教研，以课题为引领，在教学中研究课题。

三、研究内容

1. 研究对象

英语名著阅读读后续写“三读三写”学习活动设计。以高考改革下的新高考题型“读后续写”为抓手，着眼于改革下英语阅读及写作的学习活动设计，借鉴国外中学语言教学的内容与方式，参考借鉴相关理论研究成果，筛选、编辑、整合阅读和写作教学材料，在研究的实际推进过程中尝试改变师生的英语阅读和写作方式，通过有效的“三读三写”英语学习活动，提高学生的名著阅读和写作水平，提升学生的英语核心素养。

2. 总体框架

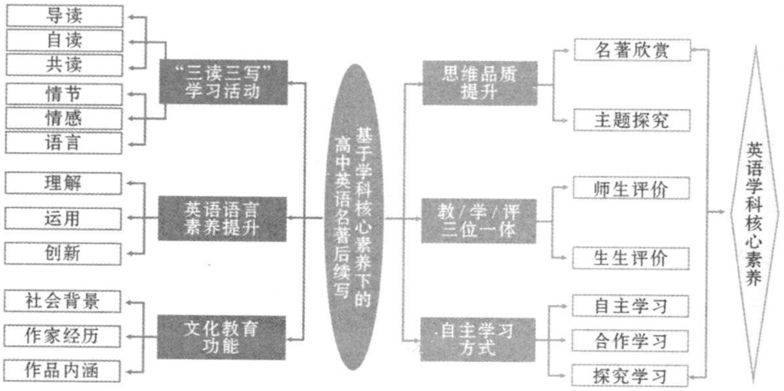

图 10 "三读三写"学习活动研究总体框架

（1）读后续写英语学习活动设计，紧紧围绕"三读三写"展开，"三读"分为导读、自读、共读，"三写"即围绕情节、情感、语言展开续写，学生在"三读三写"教师引导下，能够较好地开展名著阅读和读后续写，实现深度学习，促进能力向素养的转化。

（2）英语语言素养提升，语言学习内容的多样性丰富了学生的阅读体验，通过学习理解、应用实践、迁移创新等英语学习活动，整合语言知识、发展与锻炼语言技能、提升英语语言素养。

（3）文化教育功能，通过名著社会背景、作者经历、作品内涵的探讨和挖掘，比较异同、推理论证、赏析评价等活动，从中汲取文化精华，涵养内在精神，形成个人修养，实现知行合一。

（4）思维品质提升，学生通过名著赏析、主题探究，参与感知、理解、整合、内化语言和文化知识，获取信息、处理信息、分析问题、鉴赏评价、自主表达等活动，这是思维品质提高的过程。

（5）"教—学—评"三位一体贯穿英语学习活动。教师增强"教—学—评"一体化意识，从教学设计、教学实施、教学效果三方面对英语语言素养提升、英语文化与名著阅读续写的融合、读后续写促进学生主动学习增强学习体验三方面，建立综合评价表、活动量规等评价体系。

（6）自主学习方式，通过自主、合作、探究的学习方式，充分发挥学习主动性，培养学生梳理、概括、整合信息的能力，内化知识，多元思维。

3. 重点难点

（1）名著的鉴赏。除了理解名著的内容外，还要去品读名著的语言，分析人物的性格，体会小说作者笔下灵动的文字、巧妙的构思以及恢宏的思想和写作背景。

（2）“三读三写”英语学习活动的有效设计。英语教师要遵循英语学习活动观，探索如何有效开展一系列“三读三写”相互关联的活动，对信息进行梳理整合、内化运用、分析比较、赏析评价、最后形成迁移创新能力。

（3）名著片段的续写。教师引导学生通过名著文本中的比喻、伏笔等写作手法，理解名著的故事设定并进行合理的推测，运用批判性和创新思维，发挥合理的想象力，创作巧妙的故事情节构思，进行创新写作，写作中注意“三写”的原则。

（4）读后续写学习活动评价体系的构建。英语教师需要阅读大量的文学作品、查阅大量的资料，有一桶甚至更多桶流动的水才可以驾驭课堂，这就需要英语教师不断地加强学习，提高自己的文学修养和文化素养。采用教师评价与学生互评相结合的方法，让学生更加明确写作努力方向。

4. 主要目标

（1）提高英语学习兴趣。学生对英语产生浓厚的兴趣，喜欢阅读和写作，喜欢表达。学习英语不再是完成任务，学生的人文素养等整体素质有了较大提高。

（2）提升自主学习能力。教师依据英语学习活动观，改进教法、学法，设计适应学生身心特征和课程要求的有效的学习活动，形成独特的教学模式，引导学生主动思考、乐于探索、勤于动手。

（3）培养学科核心素养。培养学生的创新思维和实践能力。提高英语学科学生的语言能力、文化意识、思维品质和学习能力的核心素养。

5. 创新之处

（1）丰富课程内容，发展英语学科核心素养。以新课改理念为指导，结合外研社新教材中名著名篇与读后续写的内容，把整本书的名著阅读作为有效的阅读资源，培养学生的英语学习兴趣和良好的读书习惯。在“名著阅读”的视角下，探索高中英语读后续写的教学活动设计模式和学习方法。通过“以读促写”的模式，进一步落实学生英语学科核心素养的培养，从而提高学生的名著阅读和写作水平。

（2）实践英语学习活动观，形成“三读三写”教学法。教师创建具有综合性、关联性和实践性特点的名著读后续写“三读三写”英语活动教学法，使学生通过“三读三写”，学习理解、应用实践、迁移创新等一系列融语言、思维、文化为一体的活动，获取、阐释和评判名著语篇的意义，表达学生个人观点、意图和情感态度，分析中外文化异同，发展多元思维和批判性思维，提高学生英语学习能力和实际运用语言的能力。

（3）完善英语课程评价体系，促进核心素养有效形成。建立以学生为主体，促进学生全面、健康而有个性的课程评价体系，聚焦英语学科核心素养的形成和发展。采用形成性评价和终结性评价相结合的多元评价方式，重视评价的促学作用。教师用提问、观察、表现性任务等方式，实现师生、生生的评价，评价活动中给出活动要求和评价标准，评价中关注学生英语学习活动中出现的情感、态度和价值观等要素，引导学生学会监控和调整自己英语学习目标、学习策略、学习方式与学习进程，培养正确的世界观和价值观。

（4）智慧课堂+课程。充分利用互联网资源现代教学手段，进行多元化的课堂教学。学校高一到高三全年级均已完全覆盖智慧课堂平板智能教学系统。通过学校“智慧课堂+课程”形式多样的教学工具，扩展课程，让学生真正感受地道的英语语言。在名著阅读和续写展示过程中，学生可以通过高科技的电子设备进行语料库的及时更新和资源的实时共享，从而取得更好的学习效果。还可以把全球优质的精彩的课程、生动的课堂推向学校学生，努力让每个孩子享有更有质量的教育。外语界老前辈龚亚夫老师指出，英语学习的最好方法就是直接跟以英语为母语的外教互动对话。在线实时互动视频技术可以将优质的外教资源通过网络进行共享，从而实现外教与学生的面对面、近距离沟通，教育信息化与英语学科的深入融合，努力提高学生的英语读写能力。

（5）专家名师引领共同发力。本课题组成员由青岛市名师、青岛市教学能手、青岛市学科带头人和学校青年骨干教师组成，他们对新课标和新教材更为熟知，知识结构、科研经历梯度也较合理。邀请华东师范大学戚业国教授作为校外指导，旨在通过对名著阅读的策略研究，探寻符合学校学情的“三读三写”英语学习活动教学法，更有的放矢地进行高中阅读和写作教学，提高学生英语阅读和写作水平。

四、思路方法

1. 基本思路

通过理论学习研究，确定“三读三写”英语学习活动，以英语名著为阅读材料，展开阅读的拓展与学习，在阅读中提升语言素养、文化意识，并通过读后续写规律的挖掘，进一步提高学生的思维品质和学习的能力，基于以上研究思路，现将本研究分为六个阶段，见表9。

表9

阶段	研究内容	研究思路
一	文献研究	①发展英语核心素养的教学策略 ②英语名著阅读国内外教学策略 ③读后续写理论学习研究 ④英语学习活动观理论学习与活动设计研究
二	实践研究	①善于运用多种手段和方法开展“三读三写”英语学习活动。采用思维导图、手抄报、话剧表演、讨论归纳总结等丰富多彩的英语学习活动,激发学生名著阅读的兴趣,完成对信息的获取与梳理、概括与整合、内化与运用,从而实现知识的迁移创新,教会学生在零散的信息和新旧知识之间建立关联,归纳和提炼新知识结构 ②引导学生有效进行自主学习、合作学习和探究式学习。通过课前、课上、课后三个环节活动设计,使学生在活动中以自主、合作、探究的方式相互学习、相互促进,不仅知道如何进行名著的阅读与写作,而且获得知识、丰富经验、发展技能、提高能力、养成健康的人格,学习能力也有极大的提高 ③引导学生的思维由低阶向高阶稳步发展。教师引导学生从最初对名著基本内容的理解到小说写作手法的学习、主题的探讨,最后到写作的应用与实践。教师提出的“三读三写”从理解到应用、从分析到评价的活动,引导学生思维从低到高发展,启发学生对语篇进行讨论与思考,从口头和笔头两方面表达个人的情感与观点,从而促进思维能力的提升
三	研讨研究	①研讨制订三个年级名著整本书阅读和读后续写的教学计划 ②教研组、集备组共同研讨“三读三写”英语学习活动设计 ③研讨制定符合学科核心素养的读写结合的导学案
四	评价研究	①“教—学—评”三位一体贯穿英语学习活动 ②教师要增强“教—学—评”三位一体意识,让学生充分参与课堂学习和评价活动 ③教学活动应该是评价学生学习效果的过程,既有师生评价,也有生生评价,学生的评价,既有学生自我评价,也有同伴间的评价 ④教师要善于引导学生自己去总结评价，并运用这些标准去进行学生互评。学生通过自评、互评,拓展思维 ⑤通过“三读三写”英语学习活动培养学生自主学习的能力,养成自我反思的习惯,有助于使学生成为责任心强、有担当的人
五	理论创新	①实践研究中每节课课后撰写课后反思,撰写课例,形成读后续写“三读三写”教学法 ②集体研讨研究中不断提炼提升,凝练成创新理论,全校推广
六	成果推广	创新理论和学习活动设计方法体系,读后续写“三读三写”教学法在全市及全省、国家推广,带动英语教学改革

2. 具体研究方法

（1）文献研究法。

吸取相关理论研究成果，学习各种现有适合高中学生的名著阅读与读后续写的材料，给予课题研究理论支持和经验借鉴。

（2）经验总结法。

对“三读三写”英语学习活动不断进行教学反思，对名著的使用状况、学生的反应做及时记录和整理，形成研究性报告和论文。

（3）实验法。

在高一、高二、高三 3 个年级各选取 2 个班级，进行名著阅读读后续写“三读三写”学习活动，期中、期末以及各年级进行纵向和横向的成绩分析与比较。

（4）观察与调查法。

通过课堂观察学生表现，课下与学生访谈、问卷调查等形式，了解学生阅读和写作情况，及时调整“三读三写”学习活动设计，有效促进学生学科核心素养。

五、收获成果

1. 成果形式

完成《基于学科核心素养的高中英语名著读后续写“三读三写”学习活动设计研究》课题报告，形成“三读三写”学习活动教学法，举行山东省、青岛市及校内公开课和报告，进行推广，进行课堂教学实录，撰写教学课例，形成“三读三写”学习活动案例集。在核心期刊及省级以上刊物上发表论文，将理论成果形成体系，编写专著一本。

2. 使用去向

（1）将课题研究的理论与实践成果推广到学校其他老师和课堂，实现学校“高中英语名著读后续写‘三读三写’学习活动”。

（2）在全市范围内推广课题研究成果，推动全市所有普通高中学校开展“高中英语名著读后续写‘三读三写’学习活动”。

3. 社会效益

（1）通过整本名著阅读，激发学生的读书兴趣，使他们养成终生读书的好习惯。使学生有的读、愿意读、多读、会读、善写，让阅读和写作变得容易、有趣，使学生在阅读中增加能力，提升核心素养，体验英语学习的快乐。

（2）通过读名著来以读促写，读写结合，既能够提高学生的阅读能力，也能够提高学生的写作能力，提高学生的思维品质和综合语言的能力。

（3）将课题成果开放共享，创新理论，将“三读三写”教学法，成为学校特色研究品牌，带动青岛乃至山东省、全国英语教学，引领教师努力探究创新英语教学活动内容与模式。

（山东省教育科学“十四五”规划课题研究成果）

下卷：教育管理核心素养思考与方略

让梦想起飞

——青年教师成长感悟

小时候，我以为你很美丽，
领着一群小鸟飞来飞去，
小时候我以为你很神秘，
让所有的难题成了乐趣。

是啊，在每个孩子的眼里，教师都是一个神圣的名字。无论怎样的言辞，都不能将她的内涵彻底诠释。

记得在儿时，我就憧憬着将来成为一名教师，能够站在讲台上，面对着一双双明亮的眼睛奉献我的所学；并与一群天真可爱的孩子们共同体验成长的快乐，分享成功的喜悦。

直到有一天，当学生们亲切地称呼我 “老师”，那一刻，我的内心涌起一股莫名的感动和期待。从这一刻起，我的梦想就与这些充满着青春活力的少年们联系在一起了；从这一刻起，我的梦想就在这看似平淡实则不凡的工作中起飞了。

从 2003 年毕业至今，我在讲坛上已走过了十余年，这十余年既短暂又漫长，这里边既有领导的关心、同事的帮助，也有自己的艰辛努力。回顾自己走过的教学之路，欢乐与辛酸同行，收获与遗憾同在。

一、历练：从起点开始

刚毕业我被安排到了分校工作，起初我很沮丧，每天和一帮学习自觉性低的“熊孩子”作战，经常是准备到深夜的教案，而课堂却因学生的纪律等问题面目全非。第二年学校与澳大利亚合作办学的国际部“中澳班”成立，我被学校选任为“中澳班”的英语老师。这是一种几乎没有什么经验可以借鉴的全新的教学模式，教学资源贫乏而且评估极为严格，而且面对的是比之前的“熊孩子”还“熊”的孩子，困难面前，我没有退缩，接受了任务。在经过澳洲一个月的短暂培训后，我就走马上任了。没有指定的教材和参考书，我就泡在图书馆里；没有现成的解题思路，我就自己一遍又一遍地演练：准备一堂课，经常要查阅好几本参考书；搜罗一点可用的材料，往往要登陆许多的网站。面对自由散漫的“小公主”“小皇帝”们，我学着俯下身来，走近他们，首先和他们成为知心朋友，然后是他们传授知识的老师。“熊孩子”们慢慢变得乖巧，更加可爱了，他们亲切地喊我“沈姐姐”。

“中澳班”采用封闭式管理，所以陪学生学习的同时，还要和他们同吃同住。晚上6点半，看到其他老师说说笑笑地走出校门时，那种有家不能回的滋味是苦涩的。9点半，两个小时的夜自习结束了，再安顿好他们就寝，拖着疲惫的身躯回到宿舍时，经常是11点以后了。有时一出家门就是三天两夜，连家的概念都有些模糊了。每每回想起这些，心中总是百感交集：酸的，是工作冲淡了亲情和友情；苦的，是长期的疲惫和劳累；甜的，是我们的努力没有白费……

功夫不负有心人，三年多的努力，换来了骄人的成绩：连续三届“中澳班”学生全部达到了澳大利亚大学录取线，有一半学生取得了本硕连读的入学资格，随着悉尼、墨尔本等世界著名大学一张又一张入学资格通知的到来，我也一次又一次地为之振奋；澳方对我们的成绩大感惊喜，我也被授予“优秀教师”称号。

二、成长：永不停息

成长是我们生命中永恒的主题，只要不停下前行的脚步，我们就永远会有收获的快乐。2007年我回到了本校工作，我珍惜这份我曾梦寐以求的工作。学生的水平高了，可是我却对国内的教材和课程一无所知。没来多久，教研员来听我的课，直摇头，“底子这么好的老师，可惜了，可惜了”。我听了极其难受，并下定决心：我还年轻，我可以从头学起，我可以的。从此，教学楼走廊中多了一个拿着板凳穿梭在各个班级听课的身影，每节课我都如饥似渴，每节课都对我有触动。听课多了不仅能够更快把握教材，也能学习老师的授课方法。课下我根据听课及上课内容进行备课调整，哪些精彩片段值得仔细咀嚼，哪些突发问题让我措手不及，哪些环节的掌握有待今后改进，都是我经常思考的问题。慢慢地，国内的课程我熟悉了，教学也在积累成长着……

2009年9月，英国盖普组织来青岛选拔汉语教学志愿者教师，为了更好地学习，我参加了选拔并有幸成了英国盖普项目为数不多的中国交流教师，那时儿子只有一岁四个月，在英国的一年，我孤独过，后悔过，但也收获了许多。在一个文化完全不同的国家教授自己本国的语言，我深刻体验到了中西方文化的差异、中西教育教学方式的碰撞；而作为一名文化传播使者，自己也深感骄傲……回国后，我融合了西方教育的教育理念和方法，课堂上学生们的兴趣和积极性更加高涨，英语课不再是枯燥的语法课、单选、完型课，我想给予学生的是一节有血有肉的、生动活泼的、将来学生走出课堂仍然能够灵活使用的语言课，这也是我一直在努力做的。课上，我融入了西方的文化教学，把在国外的所见所闻与学生共同分享，让学生了解文化的差异，学生们非常感兴趣。西方的圣诞节、感恩节、万圣节、复活节等，我和孩子们在课堂上用西方人的方式共同庆祝，曾有家长给我信息说："沈老师，今天孩子非常开心地拿着您发给全班的红色的圣诞帽回家，兴奋地描述您领着孩子们庆祝圣诞节的场景，看到孩子这么愉快地学习，作为家长，心里有说不出的高兴。感谢沈老师，让孩子从此对英语产生了无比的兴趣，感谢沈老师，让孩子们在课堂上体验到了西方的文化。"看到孩子的笑容、家长的赞美，我是欣慰的，再多的付出都是值得的。我不仅要教育孩子们做人，教给他们语言，我还要给予他们语言的内涵和文化，培养他们对知识的渴望和兴趣。

三、勤奋：可以飞得更高

专业成长、事业进步，一切都寄希望于时间的保证和精力的投入，这就需要我们每一位做教师的人都要能静下心来教书，静下心来育人，静下心来做学问。靠什么来保证，就是靠个人的勤奋，靠个人的不懈努力。2011 年我开始从事学校的中层干部工作，面对繁杂的办公室工作，我力争把工作做得有条不紊，经常加班加点，更别提有备课时间了。作为一名青年教师，我不能这么年轻就荒废了业务，所以我付出了更多的努力。每天晚上把孩子哄睡之后，这才是我一天教学备课研究的开始，经常是深夜才能入睡。市里市外的教研活动，我挤时间积极争取参加，这些对一般教师来说不能再普通的学习，对于我来说，却显得尤为珍贵。学校里的汇报课、比武课我都积极报名，因为我知道每一次的认真参与都会让我在专业成长的道路上越飞越高。一遍遍地试课、更改教学设计，有时一晚上只能睡三四个小时，慢慢地，我在实践教学中悟到的东西越来越多，学校举行的青年教师比武大赛中我获得了一等奖；青岛市 2105 年优质课比赛中，我获得了一等奖第一名的好成绩。

作为青年教师，应不断地学习新知识、新技术，并与教育教学融合，更好地为教学服务。学校作为电子书包的试点学校，面对全新的教育技术，我选择了大胆尝试、学习实践。最初，我花了整整一周的时间准备一节课，我不断地跟开发商探讨改进功能，不断地跟学生磨合，虽然仍存在个别问题，但是在信息化教学中已经向前迈了一大步了。在2015年全国新媒体新技术教学应用研讨会暨第八届中小学互动课堂教学实践观摩活动中，我获得了全国说课一等奖的好成绩。中央电教馆馆长潘克明教授以我的课做示范进行了点评：“沈老师的课利用信息技术为学生动手、动口、动脑创设环境和条件。创设了富有挑战性的练习和竞赛、在线答疑、观看动漫、分享与自省、制作手抄报等多种学习主体参与的活动，使学习主体的作用得到充分的体现，使学习的内化在这些活动中得到体现。这是一节很好的示范课，值得学习。”没有想到向全国同行展示的英语教学中使用电子书包等信息技术的理念和方法，已经走在了全国的前列，而这一切让我知道了，如果没有前期的大胆实践和探索，这些是永远也体会不到的。信息技术，已经为我们的课堂插上了翅膀，它会让我们的课堂越飞越高。

四、感恩：让我继续前行

感恩是一种美好圣洁的情感，是道义上的净化剂、事业上的推动剂。感恩父母，是他们给了我生命，给了我强健的身体和聪慧的头脑，用爱的博大的力量使得我的世界更美好；感恩学校，是它让我找到了自己发展的方向，它为教师提供成长的平台，它让教师在成长中感受幸福；感恩领导的关怀和信任；感恩英语组的每位老师在业务上给予我的指导；感恩热情给予我帮助的每一位教师；同时我还要感谢我的学生们对我的宽容、理解和鼓励！没有大家的帮助，作为年轻教师很难顺利成长起来，也很难实现自己心中的梦想。因为感恩，我将继续努力；因为感恩，我将继续前行……

成长的道路上有太多太多的故事，有太多的酸甜苦辣，绝非只字片语可以说清。作为青年教师，我正在一步步地成长。成长是一个过程，成长更是一种幸福。我愿坚守教育的土地，采撷生命的春光，和学生一起成长，享受这份幸福！不畏浮云遮望眼，化作春泥更护花，因为那一声声老师，我要做一个优秀的教育人！让每一节课都幸福，让平凡的教育美丽自己的人生，这就是我坚守教育阵地不断进步的原动力，也是我梦想越飞越高的原动力。

最后，我想借用汪国真的《让我怎样感谢你》表达自己的感慨。

让我怎样感谢你，当我走向你的时候，我原想收获一缕清风，你却给了我整个春天；

让我怎样感谢你，当我走向你的时候，我原想捧起一簇浪花，你却给了我整个海洋；

让我怎样感谢你，当我走向你的时候，我原想撷取一枚红叶，你却给了我整个枫林；

让我怎样感谢你，当我走向你的时候，我原想亲吻一片雪花，你却给了我银色的世界。

让我怎样感谢你，当我走向你的时候，我原想吮吸一口空气，你却给了我整个新鲜天地。

让我怎样感谢你，当我走向你的时候，我原想汲取一点雨露，你却给了我别样人生美。

行走在路上，做个好老师并不难

——读《做个好老师并不难》有感

陶行知先生说，教师是“千教万教，教人求真”，学生是“千学万学，学做真人”。老师肩负着培养下一代的重要责任。正确理想信念是教书育人、播种未来的指路明灯。不能想象一个没有正确理想信念的人能够成为好老师。

我们的教育是为人民服务、为中国特色社会主义服务、为改革开放和社会主义现代化建设服务的，党和人民需要我们培养的是社会主义事业建设者和接班人。好老师的理想信念应该以这一要求为基准。广大教师要严肃认真对待自己的职责。积极引导学生热爱祖国、热爱人民、热爱中国共产党。好老师应该做中国特色社会主义共同理想和中华民族伟大复兴中国梦的积极传播者，帮助学生筑梦、追梦、圆梦，让一代又一代年轻人都贡献实现我们民族梦想的正能量。

教师要用好课堂讲坛，用好校园阵地，用自己的学识、阅历、经验点燃学生对真善美的向往，润物细无声地浸润学生们的心田，增强学生的价值判断能力、价值选择能力、价值塑造能力，引领学生健康成长。

一、做一个“爱思考”的教师

一个优秀的教师，一定是一个乐于学习、勤于思考的教师。这样的教师，其教学才具有生命力，才会真正为学生的终身发展奠定基础。教师的心在哪里，智慧就在哪里。课堂的教学只是起点，而不是终点。

二、教师要“授之以渔”

教师教授的不仅仅是知识，每天课下忙于备课、备教材，课上忙于讲授知识、给予答案，却忽视了教育的本质内容，忽视了学生长远的发展，思维能力、表达能力、阅读能力、创新能力的培养。作为教师，要转变观念，为学生的终身发展负责，对此，在教学中要有渗透和体现。

三、对教学的整体把握

经验的不足、整体意识的缺乏使得教师教授的知识零散、碎片化，无论是教材还是课时教学往往忽视了“整体”，使得学生“只见树木，不见森林”，教师劳心费力，学生雾里看花，效果不佳。面对当今的高效课堂，教师整体认知和教学显得尤为重要。

四、课堂教学平等化

课堂教学教师追求正确答案，往往忽视了中下等学生，造成了教育的不平等。教师应重心下移，鼓励每个学生，从广度、深度上照顾到每个学生，激发内在潜能，让他们短时间内隐显现。

做个好老师并不难。我一直在朝着这个目标努力着。我愿行走在路上，做一个乐于思考、勤于思考、大胆改革、为学生幸福奠基的人民教师。

突出精严细实，狠抓规范标准

——青岛市教育局国际交流合作处挂职体悟

回首在青岛市教育局挂职四个多月的日子里，我充满感慨、感动、感恩、感谢。感慨机关工作的规范与精细化管理，让我每天都有收获；感动领导们的培养，让我的成长有了航向；感恩市教育局搭建的平台，让我与奔跑者同行；感谢挂职锻炼，让我每天都在不断学习，遇见更好的自己。

一、学理论：务求实效、不拘形式

市教育局坚持每周一学、每月一讲、每季一考，并联系实际，落到实处。国际处根据局里安排每周有学习计划，通过集中学习、自学、主题党日等形式学习习总书记疫情防控、脱贫攻坚等重要讲话精神，学习民法典和市教育局有关文件精神，认真做好个人和处室学习笔记。第一次参加处室五个人的主题党日活动，正规而有序，每位党员佩戴党徽、会议有记录，党员干部认真学习文件精神，联系工作实际谈感悟，孙喜莲处长指导点评，大家共同进步提高。国际处还与职教处、青岛交通职业学校党支部联合开展“三述”主题党日活动。与市教育局办公室、组织处、青岛实验初中联合开展“燃烧激情、建功青岛”主题党日活动，形式多样，不走形式，提高了工作协同性。

二、学政策：依法依规、明确方向

挂职第一天的第一件事情，是孙喜莲处长指导我自主学习《2020 年全市教育工作要点》，我逐字逐句阅读并认真学习。此外我还学习了教育部、省教育厅 2020 年工作要点，国际合作与交流司、国际处 2020 工作要点、教育外事政策汇编等政策法规。我认识到学习的必要性，只有学习，才能站在国家、省市全局角度上全面了解工作重点，从大局、宏观着眼工作，依法依规、更有针对性、更有方向性开展工作。

三、学典型：示范表率、敬业严谨

机关工作不像原本以为的朝九晚五，置身其中才深刻体会辛苦与不易，机关领导们敬业严谨早已成习惯。我参加了由尹明琴副局长带队的第四核查组开学前核验，连续数天多次慎重细致的高强度核查，每天七八点钟回家，其中一天到家晚上 10 点，领导们没有一个人说晚说累。接触中发现，尹局长是一个工作“拼命三娘”，工作及其细致严谨，工作深入，话语一针见血，让我领教了女领导的风范。孙喜连处长每天七点多来到大楼，开始一天繁忙的工作，处室工作应接不暇，却处理得井井有条，还经常回家加班到十一二点，周末也不例外。她们都为我树立了优秀干部的榜样。

四、学实践：精严细实，规范标准

(1) 精细管理、落实到人。国际处工作有要点，工作任务明确。根据国际处 2020 年工作要点，我整理出任务清单，把要点分解具体化，包括工作任务、要求、具体措施、完成时限、责任人等。“三区”建设和对德工作是我市今年的重点工作，通过每周一调度、一汇报，每季度一总结，尹局长亲自抓落实并给出下一步工作建议，国际处等其他相关处室扎实推进工作。

(2) 严谨保密、规范细致。文字是机关的生命线。每天领导们忙于各种材料的撰写，工作的汇报，材料要求高、有内容、有时效，所以要求干部们提高效率、提高文字水平。期间完成了对德全面合作推进会、日本藤田医科大学感谢信回复、对德慰问信翻译等材料撰写，所有材料多遍修改，经不同人反复审核，处长看后无意见给分管领导审阅。此外文件的处理还要谨慎、保密。这些都为今后的工作提供了规范和原则。

(3) 细致严格、底线思维。3 月份和 4 月份教育局进行了开学条件核验。领导们细之又细、慎之又慎、实之又实，依据核验细则和要点，逐字逐句审核，每个学校检查需要 4~5 个小时。对于硬伤及问题多的学校，明确提出问题整改，不合格的坚决不予通过，采取回头看的方式，督促学校整改落实到位，为开学准备严格把关。

(4) 实事求是、充分调研。国际处以事实为依据，数据为支撑，问题为导向，调研充分细致。我做了全市驻青高校、中小学及幼儿园中外合作办学、国际课程、出国学习、境外游学、国际友好学校、外籍师生等 6 次调研，每次涉及的信息多、数据烦琐，我逐个区市教体局和学校核对，查漏补缺，确保数据完整性、准确性。撰写的调研报告内容翔实、分析准确，提出的问题和建议深刻、代表性强，多次受到山东省教育厅的赞扬并采纳。国际处也从调研中发现问题，作为今后工作的有力抓手，采取有效措施提高中外合作办学水平。

有人说，一个人能走多远，看他与谁同行。感谢青岛市教育局搭建的平台，给我锻炼与成长的机会，我将精严细实、规范标准作为一种人生态度，并运用到今后工作中，为教育事业做出更大的贡献。

坚守初心　传承榜样

——领学张桂梅先进事迹感悟

老师们，大家中午好，很荣幸有这样一个机会和我们英语支部的老师们一起交流。在第37个教师节来临之际，首先祝各位老师节日快乐！

今天我们来共同学习一位点亮乡村女孩梦想的优秀人民教师——张桂梅，致敬这位用生命做教育的人民教师。

“只要我还有一口气，我就要站在讲台上，倾尽全力，奉献所有，九死亦无悔。”这是2021年张桂梅在“七一勋章”颁授仪式上讲的话语。张桂梅是我们新时代的时代楷模、时代英雄。疾病缠身的她，创办华坪儿童之家，让172个孤儿有了温暖的家，有了他们的“妈妈”，她创办了中国唯一一所免费女子高中——华坪女子高中，让近2000名女孩免费学习考进大学，她教会了大山里的女孩用知识改变命运，她也用生命托起了大山的希望。

1974年，年仅17岁的张桂梅来到了云南。投身于偏远山区的教育工作。她与丈夫志同道合，但1994年，丈夫却因癌症先她而去。膝下无子的张桂梅于是申请将工作从大理调到了华坪。希望偏僻的华坪能让她安抚伤心。可没想到，在这里一待，却更操心。按照张桂梅的要求，她去了基础最差的民族中学任职。她发现：在这所学校，女孩辍学率明显高于男孩。老师上着课，班上的女孩突然就不来了……同一时期，张桂梅还担任了华坪孤儿院的院长。那里的不少孤儿也是女孩。为了帮助孩子们，张桂梅省衣缩食，每天的生活费用不超出3块钱。十数年间，她省出了40多万元，全捐给了学校。张桂梅在“七一勋章”颁授仪式上讲道：“每看到一个女孩因贫困而失学，我心痛得无法呼吸！”

拖着病体忘我工作，持续12年家访超过1600户，行程11万余千米。张桂梅说：“一个受教育的女性，能阻断贫困的代际传递，改变三代人的命运。如果能培养有文化、有责任的母亲，大山里的孩子就不会辍学，更不会成为孤儿。”

2007年，张桂梅当选为十七大代表。她的故事开始进入了公众视野。2008年，张桂梅在各方支持下，创办了一座免费的女子高中！学校招生，俩要求：第一，只招贫困女生；第二，不设分数线，想来都来，学杂费，全免。这所学校，成了张桂梅的家。她搬进学校和学生同住。凌晨五点十分，校长张桂梅从三楼的一间学生宿舍走出来，打开手电筒，一层层打开楼道里的灯。华坪女高的一天从此刻开始。每天在校园广播中提醒女孩们：积极想象！专心学习！坚持不懈！在全体师生的努力下，华坪女子高中的专本上线率每年都达100%！高考成绩全市第一。华坪女高佳绩频出之时，张桂梅的身体却每况愈下，患上了20余种疾病。张桂梅说："虽然我没孩子，我没当过母亲，现在看到这帮孩子，有家的有家，有房的有房，他们过上了正常的日子，脱离了那个愚昧、贫困的穷坑，我觉得就足够了。"

巨大的压力和长时间高负荷的工作，让张桂梅的身体每况愈下，她患上了肺气肿肾囊肿，颅骨骨瘤等20余种疾病。因为关节痛，手指伸展不开，她的手上贴满膏药……

每天靠吃止疼药坚持工作，拒绝住院治疗，她要把时间留给女孩们。用满身病痛，换来孩子们上学、走出大山的机会，张桂梅用全部的生命教书育人，却依然不肯把时间留给自己，因为在她的价值排序里，"豁出命改变她们的命，值!"这就是为教育事业奉献一切的"张妈妈"，点亮学生希望的"燃灯校长"。张桂梅说过："当听到学生大学毕业后能为社会做贡献时，我觉得值了。她们过得比我好，比我幸福，就足够了，这是对我最大的安慰。"

这是刷屏网络的张桂梅的照片，她17岁和64岁的对比照，虽然岁月夺去了她的青春和容颜，可我们仍然能够看到不变的是她心中有爱，眼中有光。她燃烧着自己，照亮了大山女娃的路。人们关注她、赞颂她、心疼她，为她从青春年少到花甲之年的坚守而动容，向她"燃烧自己，烛照他人"的精神致敬。这激励着更多教育工作者在筑梦之路上坚守初心、点亮他人。

人们常不解地问张桂梅：你这样做有什么目的，有什么好处？什么力量支撑使你如此坚强？张桂梅总是笑着说："如果我有追求，那就是我的事业：如果我有企盼，那就是我的学生；如果我有动力，那就是党和人民。"

2020感动中国人物张桂梅颁奖词："烂漫的山花中，我们发现你。自然击你以风雪，你报之以歌唱。命运置你于危崖，你馈人间以芬芳。不惧碾作尘，无意苦争春，以怒放的生命，向世界表达倔强。你是崖畔的桂，雪中的梅。"

老师们，作为教育工作者，我们该向张桂梅学习什么呢？

一、坚守信念，让人生更美丽

张桂梅校长坚守贫困山区40年，坚守自己的岗位，坚守着信念。乡村学校条件艰苦，教师待遇不高，她执着坚守的奉献精神感动了我们。这种对教育信念的执着坚守，让她的人生更加美丽。

二、坚守初心，铸就精彩人生

改变大山里女孩的命运，这是张桂梅决定办学的初心。她用自己的肩膀挑起了偏远地区女孩的读书梦，给她们搭建了受教育的平台，为她们铺就了改变命运的道路。她坚守初心，让更多大山里的女孩能够改变命运的同时，也铸就了自己精彩的人生。

三、坚守责任，爱岗敬业奉献

张桂梅校长用自己平凡的双手，托起了许许多多女孩的求学梦。她坚守责任，爱岗敬业，无私奉献。多年来，她带病坚持工作，坚毅地站在三尺讲台上，一直把学生的学习、生活和命运放在心坎上。她不断用自己微薄的工资资助贫困学生、收养孤儿，自己却生活清苦。她用自己辛勤的汗水，培养了一批又一批学生。

四、坚守信仰，对党忠诚一辈子

张桂梅命运坎坷，但无论身心如何困苦、处境如何艰难，她始终坚定理想信念，坚守初心信仰，饱含着对党、对人民、对贫困山区的无限深情，感党恩、听党话、跟党走。

五、坚守扶贫，点亮孩子梦想

64 岁的“燃灯校长”张桂梅，拖着病体，一直扎根在云南贫困山区一线，她化作一束光，照亮了大山里女孩的梦想，用知识改变贫困山区女孩命运，用教育阻断贫困代际传递。

有人说，张桂梅除了一副瘦弱的身躯是自己的外，没有孩子、没有亲人、没有家。她却笑着说：“不，我是一名共产党员，我有一颗火热的心，这颗心里面有党，有人民，有学校，有国家，有千千万万的孩子，我什么都有！”她用一言一行，心血汗水、无疆大爱，坚守着自己的信仰，把一生全都给了党。

老师们，这就是我们最值得尊敬的张桂梅同志，她像蜡烛一样，燃烧了自己，照亮了别人。她知行合一，用自己的行动为我们上了一堂生动的教育课。在教育这条路上她为我们创下了新路，也为我们树立起高大的榜样，作为教师，我们要向张桂梅同志学习，牢记自己的教育初心，不忘自己的育人使命，牢牢地扎根于自己的教育事业中，为教育奉献自己的绵薄之力，尽自己的全部力量，努力培养担当民族复兴大任的时代新人。我的分享到此结束，谢谢大家。

(2021 年 9 月 7 日校文综党支部党史学习教育领学交流材料）

新时代优秀年轻干部是怎样炼成的

——校理论中心组领学感悟

各位干部，今天由我带领大家学习。会前王书记告诉我要把党史学习教育融入我们中心组学习中，同时还要把今天作为一次三述交流活动，所以我把一些材料进行了整合，选取了今天的主题《新时代优秀年轻干部是怎样炼成的》。今天学习的内容分为三部分。第一部分是介绍一下共产党早期的那些年轻有为的年轻干部；第二部分是党中央培养选拔年轻干部不同历史阶段的一些要求；第三部分是结合教育，学习一下近期市教育局刘鹏照局长在青年干部培训班上的讲话，同时谈一点自己的感悟。

习近平总书记在全国组织工作会议上强调：实现中华民族伟大复兴，坚持和发展中国特色社会主义，关键在党，关键在人，归根结底在培养造就一代又一代可靠接班人。当前，党和国家的各项事业站到了新的历史起点上，中国特色社会主义进入了新时代。要实现“两个一百年”奋斗目标，在全面建成小康社会基础上开启全面建设社会主义现代化国家新征程，需要一支高素质专业化年轻干部队伍。

一、我党早年的那些年青有为的青年干部

在中国，最早提出“中国共产党”这一名称的是蔡和森同志。当时，我们的党是个年轻的政党，组织成员也是很年轻的。下面是我党早年的那些年青有为的青年干部。

1921 年，中国共产党成立时，出席一大的代表中，毛泽东同志 28 岁，邓恩铭同志 21 岁。

周恩来同志 1924 年担任黄埔军校政治部主任时才 26 岁，1927 年领导南昌起义时只有 29 岁。

1922 年，蔡和森同志 27 岁，1923 年瞿秋白同志 24 岁。那时，他们就已经负责党中央的理论宣传工作。

1925 年，领导省港大罢工的邓中夏和陈延年同志，当时的年龄分别为 21 岁和 26 岁。

1919年，李大钊同志领导划时代的“五四”运动时才30岁。31岁时，他就在北京发起成立了共产主义小组。

1927年，领导广州起义的张太雷同志才29岁。

1922年，26岁的彭湃同志在广东领导了海陆丰农民运动。

1927年，32岁的向警予同志任我党中央妇女部第一任部长。

二、党中央关于培养选拔年轻干部的不同历史阶段要求

我们党在革命、建设、改革的各个历史时期始终高度重视培养选拔年轻干部，有着不同的要求。早在革命战争年代，毛泽东同志就提出“有计划地培养大批的新干部，就是我们的战斗任务”。20世纪60年代，毛泽东就向全党郑重提出要培养和造就成千百万无产阶级革命事业接班人。

改革开放时期，邓小平同志反复告诫全党，“认真选好接班人，这是一个战略问题，是关系到我们党和国家长远利益的大问题”。党的十一届三中全会以来，各级党组织认真贯彻邓小平同志提出的干部队伍“革命化、年轻化、知识化、专业化”的方针，大力培养选拔德才兼备的优秀年轻干部，取得显著成绩。

伟业薪火相传，事业后继有人——面对世情、国情、党情的深刻变化，党中央对培养选拔年轻干部工作有了新的要求。习近平总书记鲜明提出“信念坚定、为民服务、勤政务实、敢于担当、清正廉洁”的好干部标准，在今年中青年干部培训班开班式讲话中，习近平总书记又强调：一是信念坚定、对党忠诚；二是注重实际、实事求是；三是勇于担当、善于作为；四是坚持原则、敢于斗争；五是严守规矩、不逾底线；六是勤学苦练、增强本领。这些都是相通的，赋予了好干部新的时代内涵，是新时期干部的实践准则和奋斗方向。习近平总书记的重要讲话通篇闪耀着马克思主义的真理光芒，处处饱含着领袖对年轻干部的谆谆教诲和殷切期望。

三、学习讲话，联系工作实际，谈学习感悟

学习刘鹏照局长在青岛市教育局青年干部学习“七一”重要讲话精神，读书班暨机关新进人员培训班开班仪式上的讲话《锻造教育好干部队伍 实现教育高质量发展》，联系学校德育工作实际，谈一下体会与感悟。

习近平总书记鲜明提出“信念坚定、为民服务、勤政务实、敢于担当、清正廉洁”的好干部标准，刘局长提出了把握“好干部”的标准，信念坚定讲政

治、立德树人明道德、勤政务实尚实干、勇于担当敢斗争、清正廉洁守底线。希望干部们要有时不我待、只争朝夕的紧迫感，不断学习、不断锻炼、不断提高，为促进青岛教育高质量、优质、均衡发展贡献力量。

1. 立德树人明道德

立德树人是我们的根本任务。心中始终装着学生、教师和学校，带着感情面对我们的工作。作为分管德育的干部，在工作中越来越真切体会到“立德树人”四个字的重要性。我们在努力提高学生分数的同时，一定要把学生的“品德”教育放在第一位，真正把立德树人的根本任务落到实处。例如，今年暑假我们组织学生到中泰信大厦校企共建的社会实践活动取得了很好的效果，但是也出现了一些不好的现象，引起了我们的重视。其中一个学生在健身俱乐部工作，当被安排外出发传单时，学生很气愤，他认为除了像他爸妈一样坐办公室的工作之外，其他的工作都是低贱的工作。还有学生到残疾人服务中心工作看到不是自己理想的工作，不打招呼的情况下不屑一顾地溜走了。近期学生处严抓学生管理，学生遵守校纪方面较从前有了很大的改观，但是存在个别学生冒名顶替、擅自涂改出门证，多次携带手机，被教育的学生谎话连篇、拒不承认等问题也让我们深入思考，我们在教育学生遵守学校规章制度时，首先应该教会学生做事、做人，敢于承认错误和承担责任。我们担负的不只是教书还有育人，我们要帮助学生树立良好的品格，帮助他们树立正确的世界观、人生观、价值观。

在我的课堂演讲中，我见识了学生说话支支吾吾，紧张得浑身发抖，扶着的桌子咯吱咯吱作响，同学们多次给予他掌声的鼓励，最后这个孩子还是以只张嘴而发不出声而告终，这是卓越班入学第一名的学生。在楼道里，我看到了一个坐在楼梯台阶上自言自语、目光呆滞的学生，和他结结巴巴的交谈中，让我仿佛在跟一个小学低年级的孩子在交谈，班主任告诉我，这个孩子生活在自己世界里，生活及与人交往的能力几乎为零，这是高三一个学习成绩优异的学生，我不敢相信这样的学生生活在我们这所学校，生活在我们的身边，我更加感受到自己责任的重大。学校的活动不是图热闹，完成任务，而应真正让每个人参与进来，提高他们的领导力、组织力、展现力、表达力等，学校的全员，全过程、全方位育人不是喊口号，而真正走进学生心里，帮助他们，唤醒他们，让学生成为一个完整的人，一个具有生存能力的人。

2. 勤政务实尚实干

实干兴邦，就是要有朴素朴实的心态，勤奋敬业的态度。教育事业的每一步发展，都是靠脚踏实地、一点一滴干出来的。《论语》子路篇，子路问政，孔子说“先之，劳之”，“无倦”。“先之”就是领导干部要能够率先垂范，“劳之”就是要勤奋工作，“无倦”就是不倦怠、不懈怠。“其身正，不令而行，其身不正，虽令不从”，领导干部要身先士卒，冲锋在前、吃苦在前，才能号召、带领大家一起开创事业。目前，学校的各项工作正朝着精细化迈进，学生处的工作也是进一步规范有序。近期我们出台的学生出门证、抽烟管理规定，就是把发现的问题有针对性地细化，进行规范，而且紧跟着具体措施落实。本周起学生处每天安排干部老师早上 6:30 到晚上 6:30 执勤巡视，转学校的死角，让学生无缝隙可钻，干部老师们每天有记录每日一反馈，当天发现问题立即解决，第二天处理完毕，后期我们还会朝这个方向努力。

3. 实干中强化担当

习近平总书记结合国际国内的形势提出：要有斗争的精神、斗争的勇气、斗争的能力。这里说的斗争，是面对困难、面对复杂形势、面对挑战，克服恐惧、克服畏难情绪、想方设法去解决问题。面对突发情况，不能一事当前只考虑自己的得失，要敢于迎难而上，面对危机敢于挺身而出，面对失误敢于承担责任，面对歪风邪气敢于坚决斗争；要坚持原则、认真负责，面对大是大非敢于“亮剑”。衡量一个干部好与差，就要看他在重大问题、关键时刻，能不能义无反顾、敢于决断、敢于负责，能不能在矛盾、困难、问题面前敢抓敢管、敢作敢为，这也是检验干部的党性、品行、作风，衡量干部的胸襟、胆识、格调的重要标准。在这里我想表扬一下学生处三位年轻干部，他们实干、敢干，敢于担当作为。赵琳主任挂职回校后，统揽学生处工作，尽职尽责，面对工作的调离，没有放松一点对工作的要求，始终如一。云峰主任和曹璐书记，去年在学生处干部紧缺的情况下，勇挑重担，面对全新而繁杂的工作，敢啃硬骨头，经常加班加点，扎实地、较好地完成学校工作。

今年是学校新的五年规划的开端之年，也是学校发展的关键期，这就需要我们每名干部进一步落实学校高质量发展“特色办学，精细管理，品质立校”的要求，以吴校长提出的“规范、落实，知行合一；创新、提升，勇争一流”为目标，不忘立德树人初心，牢记为党育人、为国育才使命，不断提升教书育人本领，为培养德智体美劳全面发展的社会主义建设者和接班人做出新的更大贡献。

（2021 年 12 月 9 日校理论中心组党史学习教育领学暨三述交流材料）

大音希声　大爱无言

——高中班主任批评策略初探

苏联伟大的文学家奥斯特洛夫斯基说过：“批评，这是正常的血液循环，没有它就不免有停滞和生病的现象。”班主任工作辛苦、繁杂、责任重大，工作难做，批评学生可谓是家常便饭。可令越来越多的老师头疼的是，批评学生有些“难”，不少孩子是家里的“小皇帝”，父母非常溺爱，甚至百依百顺，使得一些学生经不起批评，说不得。

作为一名年轻班主任，我为带好班没少费心思，在批评学生中“摸爬滚中打”，狠抓班级管理。虽然学生的学习成绩名列前茅，各项评比排名遥遥领先，但是，令我惊讶的是学生对教师的满意率打分不高。起初我认为是批评中“得罪”了一些同学，后面我认真进行了反思，认识到原来批评不是一味地“严”“吼”和“叫家长”，而应该把我的爱以学生愿意的接受的方式表现出来，这样学生才会喜欢我。批评中更要把握好尺度，讲究方式方法，讲究批评的艺术。

一、因人而异，适时适地批评

性格开朗，心胸比较宽广的学生，教师可以选择在教室或者办公室进行批评教育，因为这种性格的学生容易接受教师的意见；但是，有些学生性格内向或逆反心理很重，如果在公众场合受到批评，他们的自尊心会受到很大的打击，从此便记恨教师、疏远同学，那么，这样的结果就与教师良好的初衷背道而驰了。

班里有一位学习成绩好，但是英语偏科的女生，在一次的英语单词测验时，我发现她眼睛瞅下面，为了严肃考试纪律，我当着全班点了她的名字，她生气地说她没有抄，我说“那你在做什么”，她于是趴在桌子上哭了起来。我突然意识到我把一个小的事情扩大化了，对于一个自尊心强的女生来说，是不适合在公开的场合批评的。我选择课后单独找了这个学生，向其表示了道歉，化解了学生的心中块垒，促进了师生之间的理解和支持。俗话说，“一把钥匙开一把锁”，班主任的批评只有适宜地进行，并注意随着时间、地点、人和事变化，才能使批评成为一种有效的教育手段，收到满意的效果。

二、放下架子，自我批评

不少人认为自古以来只有教师批评学生，哪有教师作自我批评的道理？不少教师能娴熟地运用批评这个武器，对学生进行教育，却忽视了对自己的批评。而我认为，如果一个老师能勇于承认自己的错误，做些自我批评，不仅不会降低自己得威信，反而威信更高了。

像刚才的案例，课下我找了那个被我点名的女学生，她哭着委屈地告诉我："老师，我是在看我新穿的袜子，我没有抄。"我恍然大悟，是我错怪学生了。我马上恳切地跟学生道了歉，并且告诉她"老师今天的批评过于严厉了，别往心里去，跟你说声对不起。"学生愣住了，可能从来没有想到老师会给学生道歉，过了会儿，她说："老师，我今天做的也不对，情绪太激动了，您别怪我。"我拍了拍她的肩膀，欣慰地笑了。杰贝尔有一句名言："孩子需要榜样甚于批评。"我的自我批评，不但未降低我作为教师的威信，反而拉近了师生间的距离，受到学生的欢迎和尊敬。

三、把批评融入真诚的交谈

著名教育家叶圣陶先生说过：谁不爱学生，谁就不能教育好学生。苏霍姆林斯基也曾说过："教育教学的全部奥秘就在于热爱学生。"教师对学生身心的巨大感染力，常常源于对学生的热爱和关心。这种热爱和关心，可以开启学生的心灵，消除师生之间的隔阂，促进师生之间的情感交流。所以，教师可以采用个别谈心的方式，与犯错误的学生真诚交谈，以真诚的爱、坦诚的心，以情感人、以理服人。

班里有个学生非常调皮，学习成绩也很差，上课不到十分钟就坐不住了，经常有任课教师告他的状，周围的同学也很讨厌他。我站在他的角度，真诚地和他交流，告诉他，如果每个任课教师都讨厌他，同学们也因为他而不能很好地听课，那么作为班主任该怎么办呢？是不是单独让他坐一个座位，孤零零地待在角落里？如果那样做，就表示教师已经放弃他了。然后又告诉他，学习差些不要紧，只要他还能遵守课堂纪律，能勤奋学习，遵守纪律，老师同学就会喜欢他……通过与这个学生推心置腹地谈话，事情逐渐有了转机，他开始认真听课了，而且还能坚持做笔记，学习成绩和课堂纪律都有很大进步。由此可以看出，班主任的真诚批评会促使问题学生不断地改正自己，在改正中不断地成长。

四、批评与表扬相结合，巧妙点拨“美中不足”

“数生十过，不如赞生一长。”学生都喜欢听表扬的话，不愿听批评的话。中国的老话说就是，“打一巴掌揉三揉，打一巴掌给一个甜枣”，或者叫“恩威并施”。用一个简单的公式表达是：表扬—批评—鼓励。不管你要批评的是什么，都必须找出对方的长处来赞美，批评前和批评后都要这么做。这就形成了夹在赞美中间的小批评了。学生听起来舒服，接受起来也就容易。老师的目的不就达到了吗？

班里有一个学习成绩不太好的学生，在班上是一伙小淘气的“头儿”。多次找他谈心效果一般，后来一次谈话中我先指出他说话算数、有能力、有威信等长处后，对他说：“如果你不仅仅是团结那几个哥们儿，而是团结全班同学，在全班同学中树立威信就好了。”结果，那次谈话后，他竟判若两人，带领“小淘气们”在班上做好事，积极上进，后来被同学们选为班干部。

五、冷处理式的批评

俗话说：“冷静是智慧的源泉，急躁是无能的表现，火气一来智慧就走开了。”教师在课堂管理上一定要遵循冷处理这一策略。教师无论遇到什么样的问题，都要注意克制自己，冷静再冷静，待认真思考后，再对学生进行劝说。

班上有个学生经常不完成作业，找他谈话后，能表现好几天，过两天“老毛病”又犯了。于是课上，课下都“冷处理”他，让他感受一下不被关注的感觉。几天后，我写了封信给他，告诉了他老师的良苦用心，推心置腹告诉他老师对他的关心和期望，通过“冷热”的对比，学生认识到了问题的严重性，老师的关爱使他在思想上有质的变化，从此每天都及时上交作业，课堂上也争着起来回答问题。没想到“冷处理”解决了问题，还收到了事半功倍的效果。

六、雪落无声式批评

我们批评的目的就是让学生健康成长，因此，批评学生的时候，一定要从爱学生出发。怎样对学生有利，我们就怎样做，只有这样，我们的批评才会有良好的效果。

记得有一次上课，突然有个学生的手机铃声响起来。全班同学的眼睛都齐刷刷地望着她。我也停止了讲课，静静地望着她。看到她慌忙把手机关掉，眼里是一种恐慌和恳求。于是我什么话也没说，开始继续讲课。这时我发现那个学生慢慢平静了下来，进入了听课的状态。设想如果当时批评她，她可能整节课都没心思认真听了，而且全班同学的眼睛都会盯着她，她也会非常难堪。所以，出于对学生学习的重视，出于对学生自尊心的保护，我只是望了她一眼，其实那一眼就是无言的批评，更是一种让她正常听课的爱护。

再比如，假如教师步入课堂，学生们还在喧闹不止，这时我们可以什么话也不用说，只是静静地站一会儿，学生们就会自然地安静下来；教师讲课的时候如果有学生捣乱，我们可以暂停讲课，稍稍停顿一下，望捣乱的学生一眼，他们立刻就会规矩起来……诸如此类的批评，正所谓“此时无声胜有声”，让批评如雪落无声，往往会收到很好的教育效果。

萨迪曾说过：“过度的严厉会造成恐惧，过度的温和会有失威严。不要严酷的使人憎恶，也不要温和的使人胆大妄为。”教师要把握好批评的尺度，既不伤害学生的自尊，又能客观地评价他们，真诚地对待他们。在批评中体现出对学生的爱，站在学生的角度思考问题，寻找解决问题的办法。我想，教师如果能真正做到这些，即使是顽石也终究会被我们的热心所融化。

培养影响孩子一生的好习惯——责任心

苏联教育家马卡连柯明确指出："培养一种认真的责任心，是解决许多问题的教育手段。"我国教育学家陶西平认为："责任感是做人的基础。人自身的发展、人与人的交往、人对社会的贡献，都来自明确的并且认真履行的责任。人的道德自律、遵纪守法也靠着责任感。"跨世纪人才是博学多才、有快捷获取信息的能力、有终生学习理念、有自我发展精神、有与人合作能力的综合性人才。但所有这一切都离不开学生自我责任心的培养。试想，一个人连"自我"都失去了，一切就都失去了基础和根本。所以，培养责任心显得非常重要。

但从目前学生的思想素质看，情况不容乐观。现代家庭中，家长们对独生子女倾注了更多关爱。我们经常可以听到家长苦口婆心地对孩子说："家里什么也不用你管，只要好好读书，我们再苦再累也情愿。"可是，父母的全力以赴是不是换来了孩子对自己的更高要求呢？并非完全如此。

【案例】（1）对学校安排的值周劳动和大扫除，学生们能溜则溜，溜不过就走过场，看不到热火朝天的劳动场面。（2）有的同学把学习当成重负、苦差，抄袭作业，甚至不做作业，认为学习是给父母学的。

以上两件小事，暴露了学生对自我、对集体的责任心的缺乏。优越的条件并不与健全的人格成正比。新型的家庭结构及其教育带来了孩子责任心的削弱，而责任心的削弱又决定了他们在上进心、纪律性和集体荣誉感上的普遍弱化，这是值得教育工作者深思的一个现象。

《文汇报》上的一则调查报告称：学生们虽然被父母强烈地关爱着，但很多时候并不感到幸福，因为"家长只关心学习成绩""总不让我做我想做的事""总是限制我交朋友""总是斥责我""总是侵犯我的秘密"等。60%以上的独生子女对学习活动不感兴趣、不感到快乐；22.3%的人感到学习有很大的压力。

WH是一个头脑聪明、性格开朗的孩子，上课爱动脑筋发言积极，但他有一个小毛病就是"常有理"，总是找借口为自己辩护，把责任推到其他事物或者别人身上。作业字迹模糊，你问他怎么回事，他振振有词："买的笔不好。"和同学争执，问他，他会把责任推得一干二净："都是别人先动我。"……他仿佛什么事情都有理。等你教育完后，他又什么都懂，而且表现得痛心疾首的，但是过几天"老毛病"照犯，我真是拿他没有办法。

像这位学生一样，做错了事情不承认，却习惯在别人身上找原因的现象，在其他学生身上也普遍存在。这类问题的关键是学生没有建立一定的责任心。而这样的学生总难以让教师和家长省心。

【解决办法】责任心是一种良好品德的表现，具有责任心的学生对学习、生活和所负责的工作积极主动、一丝不苟；对他人、对集体很关心；反之，缺乏责任心的学生常表现出马虎、自私、任性，不会关心他人，不会关心集体等缺点。一个人有责任心，才会自觉学习，才会不断进取，才会天天向上。那么，该如何培养学生的责任心呢?

一、在家庭生活中培养学生的责任心

家庭是孩子的第一所学校，家长是孩子的第一任老师，培养学生的责任心，首先应该让学生成为家庭的主人。通过询问，我发现学生在家能自觉地给家长做点简单的家务（拿碗筷，倒垃圾等）的人寥寥无几！学生也是家庭的一员，我们完全可以让他们承担他们该承担的家庭劳动任务，如扫地、拿碗筷、抹桌子、整理自己的小房间等等，做到自己的事情自己做，家里的事情帮着做。利用一些节日创造与家人沟通、增进感情的机会，使学生学会关心家人。例如：“三八”妇女节为妈妈做件事，唱首歌、亲手做张贺卡、为妈妈洗一次脚；重阳节为爷爷、奶奶捶捶背，说说心里话，等等。这些活动增进了学生对家人的理解和关心。使他们明确了自己作为家庭的一员，应为家里出一分力。

二、在集体生活中培养学生的责任心

学校是培养学生的责任心的另一个重要基地。作为老师可以从小事培养学生的责任心。比如说，让尽可能多的学生参与集体活动、班级管理，老师可以给学生创设机会，让班中人人有事做，人人有责负。事事责任到人，力求让每一个学生都能在班级中找到自己满意的位置，从而充分利用学生的表现欲，调动他们的积极性，让每一个学生品尝到为集体、为他人尽责的辛苦和幸福，从而学会尊重他人，并经常开展竞赛，在竞赛中培养学生的责任心。这学期一开学，我就给每个学生分配了劳动任务，让每个学生都有为大家服务的岗位。坚持积极引导、正面教育。第一次大扫除，我带头做，以后打扫卫生，就叫小干部负责，分组打扫，扫完后小干部检查，检查合格，再报告老师，效果很好。再者平时坚持多表扬、鼓励。

三、教师以身作则，促使学生责任心的形成

孔子曰："其身正，不令而行；其身不正，虽令不从。"这就是说，教师要用实际行动教育学生。教师的一言一行，对学生的影响至关重要。因此，培养学生的责任心，教师要起表率作用。要求学生做到的，教师一定要先做到。如要求学生不迟到，教师首先在上课铃响之前进教室，要求学生每天按时完成作业，教师也要当天批改作业并发到学生的手中，不得隔日。常言说得好，身教重于言教。一个有工作责任心的教师，会给学生留下深刻的印象，自然会成为学生的楷模，学生的责任心会在教师潜移默化的影响下逐步增强。"润物细无声"是最好的教育，也是学生最愿意接受的教育。

测一测：学生的责任心能得几分？

下面是一份"责任心清单"，让学生做到的条目后打勾，看看学生能得几分。

对自己负责

★自己的书桌，离开教室做到自己收拾整齐。

★家庭作业能及时完成。

★喜欢自己的事情自己做。

★经过自己的努力完成一个任务，有成就感。

★做错了事情，有后悔的表情和情感。

★忘记值日工作，会主动要求补救。

对他人负责

★同学求助的时候，愿意提供帮助。

★游戏活动或小组讨论时，能倾听和接纳同学的意见。

★同学生病或不舒服时，知道问候和关心。

★对他人做错了事情，会道歉和改正。

★记得自己向同伴和老师承诺过的事情，并争取说到做到。

对集体负责

★喜欢上学，不迟到不早退。

★积极参加班集体活动，乐意成为其中的一个成员。

★配合老师的要求，愿意拿出自己学习用品或图书，与同学分享。

★在集体竞赛性活动中有集体荣誉感。

★能发现集体环境遭遇毁坏或同学之间闹别扭，并报告老师或自己想出解决的办法。

新学期、新起点、新希望

——升旗仪式讲话

尊敬的各位老师，亲爱的同学们：

大家早上好，

在这充满喜悦、承载希望、孕育辉煌的金秋时节，新的学年、新的学期已然开始。过去的一周，我们看到校园环境优美，教学活动井然有序，教风学风踏实严谨，这都离不开全体教职员工和同学们的共同努力。

暑假期间，为保证学校基建工程有序进行，同学们顺利返校、住宿，学校总务及相关部门干部教师放弃休息时间，加班加点，坚守岗位一线，全力做好开学各项准备工作；为迎接2021级新生的到来，2018级毕业生精心设计录取通知书，为高一新生送上了心仪的入学礼物，开启了高中生活的新篇章；开学典礼上，雷雨话剧社的同学们为全体师生上演新学期党史学习教育的开学第一课——《红岩魂》，赢得学校师生的一致好评和岛城媒体的赞誉；新生报到当天，高三学生和学生会的40余名志愿者们冒雨为高一新生搬运行李及书桌等，提供力所能及的志愿服务。师生们的无私付出，彰显了我校教职员工甘于奉献的精神品质，也凸显了十七中学子热情友善、乐于助人的良好形象。

开学第一周，高一新生面对连续三天的大雨天气，克服困难，认真训练，不叫苦、不叫累，不抱怨，在教官们的带领下以昂扬的斗志、积极的态度刻苦训练，一周下来，你们整齐的队伍、铿锵有力的口号、嘹亮的歌声都令人振奋不已，充分展现了“戎装青春、强国有我”的英姿风采。这一周，高一班主任们每天早早走进校园陪伴每位新生开启一天的军训生活，夜幕之后才踏月而去。老师们舍小家为大家，全天候、全身心陪伴学生，使同学们快速融入十七中校园，令我们深受感动。希望高一年级同学能够以军训为开端，继承优良传统，传承正能量，以更高的标准，更严格的要求，更专心致志地学习，投入三年的高中生活中去。

高二年级暑假期间完成了选科走班的调整，为新学期工作的开展奠定了良好基础。开学一周，高二年级在全体老师特别是班主任的努力下，所有同学积极配合，教育教学迅速步入正轨。在市教育局期初视导中，同学们礼貌问好，举止文明，得到了领导们的赞扬。此次高二年级承担了视导的全部听课任务，全年级被听课十余节，全体师生高度重视，展现出了过硬的教学质量和良好的育人水平，获得了局领导的一致好评。在学生座谈与家长座谈中，家长和同学们对学校工作给予充分肯定，这是高二年级师生齐心协力的结果，是家校携手、同心育人的结果，是同学们对校园文化认同内化的结果。我们期待高二年级师生，继续保持良好的学习生活习惯和精神风貌，接过承前启后的大旗，拼搏奋进，以昂扬之姿做好高三学习生活的准备。

开学后，新高三年级学生将对高三的期待与想象，紧张与兴奋，转化为思想上的高度重视和行动上的全力付出。早上提前到校，课堂听讲专注，自习效率提升，每个人都在为迎接高考积极备战。高三的全体老师是同学们的坚强后盾，从暑假的线上答疑到快速进入新学期的教学，同学们认真准备全市统考，老师们授课评卷开足马力。开学一周，高三同学们呈现了意志坚定、勤奋拼搏、分秒必争、你追我赶的备战精神。我们相信，这种高三精神会伴随同学们一生，深刻于心，成为同学们一生最荣耀的勋章。

老师们，同学们，让我们把最热烈的掌声送给自己，送给所有为自己、为别人、为十七中发展全心付出的每一个人！

秋天，是一个硕果累累的时节，秋天也是一首辛勤耕耘的赞歌。新学期、新起点、新希望、新发展，衷心希望每一位老师、每一位同学都能以满腔的热情、高度的责任感、昂扬的精神投入工作学习中。希望同学们能够在新的学年学得更好，飞得更高，变得更强！

最后祝老师们身体健康、工作顺利、家庭幸福！祝同学们快乐学习、快乐生活、快乐成长！

谢谢大家。

（2021 年 9 月 6 日新学期第一周升旗仪式讲话稿）

立德树人　严抓常规

——开学初班主任会议讲话稿

老师们好，又是一年开学季，很高兴在校园里再次见到大家。相信大家经过了一个假期的修整，又“满血复活”，做好了开学与学生一同战斗的准备。刚才听了两个主任一堆工作的布置，估计又“晕”了。每年开学季都是如此，头开好了会事半功倍，希望我们开学前把工作想细做实，把头开好。

首先欢迎赵琳主任从教育局挂职回来，壮大了学生处的队伍，赵主任负责统筹学生处的工作，具体分管班主任培训、班会、安全、心理、卫生、学籍、资助、保险等工作。去年是把这些工作分给云峰和曹璐，过去一年累得不轻，承担了原先学生处三四位主任的工作，很辛苦，但尽职尽责完成学校的工作，也感谢各位老师的大力支持。人多了，去年我也是半道回来，所以这学期可以更精心地思考梳理一些工作，多听听老师们的建议，也欢迎老师们随时给我们指出问题和方向，我们共同的目标是把学校发展好，越来越好。

在这里我谈几点。

一、开学严抓常规

尤其是手机管理，我们知道手机的危害，本学期加大了惩戒力度，住宿生一经发现，立马取消住宿资格，走读生第一次被发现停晚自习两周，第二次停晚自习。惩罚重，目的是遏制住带手机现象。班主任需要做到，一是广泛宣传，让家长学生都知晓，丑话说在前；二是反复宣传，重要的事情说三遍，就像学生安全，不就是三遍、五遍、十遍、八遍反复强调？让学生和家长充分认识到危害性和严重后果。因为今年住宿学生特别紧张，住宿生大都住在城阳、黄岛，一旦拿手机取消住宿资格，影响孩子至少一年的正常学习，造成很多不便。但如果说了还犯错误，那责任就不在班主任和学校了。前几天我们把住宿床铺都安排好了，接到高三两个以前住宿学生的电话，说是没有看到通知，两个学生家住城阳，我们安排的学生没有一个床铺空余，而且是每个房间尽可能多加床，才解决了200人住宿的问题。还好后面男宿管员安排到了一楼仅能放一张床的地方，才解决了两个男生的住宿。

二、真正把立德树人的根本任务落到实处

学生教育要以德为先，在学生的思想品德和健全的人格品质放到重要位置。今年假期我们组织高二的学生 300 人分 5 批 10 天的时间到中泰信大厦中的 10 家企业进行职业体验。那里有上亿资产的公司，也有培训机构、健身房、个人公司，还有社区卫生服务中心，残疾人服务中心。这是真正地将读书和实践相结合，校内和校外相结合的一次非常有意义的活动。学校真正把育人目标的途径落地了，是青岛市第一家。有些学生适应能力很快，但是也出现了一些问题：一健身俱乐部实习的学生，俱乐部上午让他出去发传单，学生很气愤，他认为除了向他爸妈坐办公室的工作之外的工作都是下贱的工作。老师们，看看孩子们的认知。还有学生到残疾人服务中心看到不是自己理想的工作，不打招呼的情况下溜走了。还有学生留下来加班，向公司索要晚饭和路费，在国外学生争取到这种实践机会要花钱，企业家们无偿提供机会，他们做的是慈善工作，无偿拿出时间，腾出地方给学生培训，让学生实习体验。我们的孩子总是站在自己的角度去考虑问题，把别人的付出当成理所当然。这些问题是我们在学校里无法发现的，我突然意识到我们的学校教育责任的重大，不只是教书还有育人，教会学生做事，更教他们做人，树立正确的世界观、人生观、价值观。作为学校不仅要抓常规，搞活动，更要加强学生的思想和品格的建设；作为班主任，不能眼中只盯着孩子的学习成绩、遵守纪律，作为任课教师；我们要在教学中渗透德育，在品德修养上下功夫，真正实现全员育人、全过程育人，全方位育人。我们要把学生培养成具有大爱、大德、大情怀的人。

三、加强班主任队伍建设

来的时间短，对各班主任了解关心还不够，这学期想在我们班主任队伍建设方面做些事情。一是开学初和部分班主任座谈调研一下，了解我们大家的困难和我们工作中问题，一方面为我们班主任做些事情，另一方面也想多听听建议，促一促德育的工作。二是本学期学校加大管理力度，尽可能给班主任减压，干部们安排工作时首先考虑会不会给多数班主任增加额外的负担，有没有更好的办法，既可以完成工作，又可以减轻老师们的负担。例如，前面韩军华老师在群里分享的校友讲座，要求高一学生观看，每个班写感悟，可以这次 1、2 班写，下次 3、4 班写。毕竟班主任的工作烦琐，涉及非常重要内容的每个人都写，不是很重要的分解一下。三是加大教师培训力度。本学期开展班主任论

坛等形式提高班主任的管理能力。同时加大年轻班主任的培训，今年来了7位新老师，其中有3位加入了我们班主任的队伍，后面可能会更多。为了让年轻老师尽快成长起来，后面青年老师和我们老教师结成对子，更好地以老带新。假期新生报到，上午我们开了3个小时的会议讨论新生报到这件事，一起集备，我们该说什么该做什么，老教师倾其所有，拿出自己最拿手的招数。有的老师说要表扬学校和自己，有的老师说要讲高中和初中的不同，有的说要把毕业生叫来给学生讲讲。令我非常感动的是，会后，刘洪鑫老师把课件分享再群里，张萍把学生信息统计表发群里大家分享，大家是主动地帮助年轻老师，把学校的发展看成是一盘棋，大家团结协作才会更好！我们有这么团结的团队，再加上吴校长来自五十八中，分管教学工作，相信一定带来许多精细化管理的方法。

最后，祝愿我们老师和学校新学校能有更大的发展和进步！

(2021年8月28日新学期班主任会讲话稿）

抓细抓实 助力学生发展

——学期末班主任会讲话稿

老师们好，马上放假了，期末事情比较多，希望老师们再辛苦一下，站好最后一班岗。

这一学年，学生处加大学生自主管理力度，创新活动形式与内容，党史教育融入活动及课程中，近期成功举办了四字教育养成月、毕业典礼、体育节、心理节等一系列喜闻乐见的活动。张主任和曹书记两位干部虽年轻，但是能吃苦，踏实肯干，组织协调好各项工作。各年级紧密配合，三位年级主任带头抓得紧，落实细。班主任积极推进学校各项工作，学生的文明礼仪、校纪校规行为习惯的养成有了较大的改观。

来到十七中，最大的感触是我们的雄厚的师资和老师们无私敬业的精神。尤其是我们的班主任队伍，对待学生如自己的孩子，胜似自己的孩子。大家盯得紧、靠得上。高一年级徐老师腰痛得不能久坐、冷老师脚受伤，但是大家克服种种疼痛，没有因此给学生耽误一节课。高二年级才老师，还有半年时间就退休了，但是仍然坚守在班主任的岗位上，晚自习、周六不自觉地来学校看学生学习情况。有次周六我碰到了才老师和金老师来学校。像这样的倾其所有的老师在我们十七中不在少数，正是有这些老师的带动，大家的敬业爱生已经成为一种习惯，成为十七中优良传统的传承。年轻老师虚心学习，对班级也抓得非常紧，经常晚自习就靠在学校里，此外年轻老师还承担了学校大量的晚自习值班任务，却没有听到一句怨言，看到的是大家与学生和谐相处的乐此不疲的状态。

很感恩来到十七中，与大家同行为伴，共同为学校发展做些事情，为国家培养栋梁贡献力量。

在这里再给大家提几点要求。

一、重视“五项管理”工作

这是教育部发布未成年人保护法的又一重大举措，是一小切口大举措，切实为了学生的身心健康，市里提出了定期督导的要求，前期学校拟定了实施方案，根据检查细则进行了整改，比如每天两次眼保健操，上学、放学时间等进行了调整。近期需要做的有以下几点。

1. 人人知晓

今天班主任会和下午的班会课进行学习，并下发家长一封信，签署教师承诺书，让学生、老师、家长都知道此举措。

2. 严抓手机

本学期看到学生处加大手机查处力度，年级也跟进，发现不少携带手机学生。发现体育课、自习课、放学时、坐班车时学生放松警惕，把手机拿出来，后期加大检查巡查，抓住一个严惩，班主任也再强调。

3. 精简作业

老师们注重课堂实效性，精讲多练，经常看到满黑板的作业，学生忙活一晚上也未必写完，是不是作业都写完了就学好了，老师要精简练习与作业，给学生自学与复习时间。

4. 体育锻炼

学生单独找到我，要求下午大课间开放体育馆。对学生有益的事情咱们就去做，从今天起开放体育馆，时间是七、八节课的大课间，和晚自习前的大课间，让学生充分放松。

5. 睡眠休息好

我们知道睡眠的重要性，尤其是长身体的学生们，引导学生提高学习效率，保证 8 小时睡眠。早自习和周六自习看看部分学生趴着睡觉的情况比较多，班主任要了解学生是睡觉晚了还是别的原因，睡得晚要和家长联系，让家长做好监督督促，学习动力不足，老师要积极引导增强学习动力。

二、加大学生管理力度

本学期从学生校服拉拉链、班牌佩戴、发型等细节入手，下学期提高标准要求，里外统一校服，如出入证、外卖、手机携带、男女生交往的管理加大力度。目前学生大声喧哗、说脏话、楼道内跑闹、乱扔垃圾现象还存在，班主任再强调教育，从细节入手。再如，天热各班开空调，班级在大课间、体育课等无人的情况下开空调，浪费现象严重，班级公务管理员发挥作用，学生处这边大课间进行公务检查，专门对开关空调问题进行检查。

三、加强爱国主义教育

我们的学生赶上了建党百年与建国百年两大庆典，共同见证国家的迅猛发展。老师借建党百年，通过学科融合，班会课对学生进行爱国主义教育。7月1日，我校进行的庆祝仪式，也是一次很好的教育契机，感谢冷霜老师和郭继红老师带领全班的学生，牺牲休息和学习时间排练。到时候发党旗国旗，教育学生结束时一定不能扔地上。

四、推进生涯规划教育

前两天我校与学校后面的中泰信大厦楼宇签订了党建共建校企合作的协议、协同育人实践基地的揭牌。中泰信是一个写字楼，里面有许多企业工作，这次挑选了10家企业可以作为学生暑期的社会实践与职业体验的基地，企业包括高端研发、城建、医疗、教育等多方面，暑期组织部分学生社会实践。

五、强化安全教育

安全要警钟长鸣。前期排查家附近水库、心理问题、特殊学生，班主任要及时跟进，与家长学生沟通提醒。心理问题多的学生比较多，给班主任增加了不少工作量，后期学校心理多做一些工作，加大心理疏导力度。大多数的心理问题学生家庭教育出现问题，班主任要及时与家长取得联系，严重的医院治疗，该休学就休学，轻微的一方面做好家长工作，改变一下错误的理念与方式，另一方面要耐心开导学生，学校心理老师共同参与信息疏导。假期班主任做好防溺水、交通、防疫、网络安全等教育。虽然提多次，但是一定当重要的事情反复强调。

六、广泛征集校服设计

为丰富学校的校园文化，体现十七中的特色，利用我们的美术特长，在校友中广泛征集校服设计，让学生穿上十七中专属校服，提高幸福指数。在这里发动各班主任，看看教过的学生中，有没有学服装设计的，联系一下，帮忙设计。

七、争做研究型班主任

利用假期，班主任们思考一下如何把学校的德育工作融入课堂教学与班主任工作中，开发校本课程，纪恬节日文化校本教材被评为市精品课程，像曹老师体验式班会已形成独特的班主任工作方式，在全市推广。曹老师做了新高考背景下班级管理工作的思考，前些天沈阳来的老师听了很受益，说明我们的老师是不拘泥于事务性工作，对工作有思考有研究，能够提炼出体系与内容的。我希望我们的老师尤其是年轻老师都能做研究型班主任专家，更有利于成长。

啰唆了这么多，再次感谢班主任对学校各项工作大力支持，提前预祝老师们假期愉快，假期好好歇歇，攒足了劲我们下学期再一起努力！

(2021 年 6 月 28 日学期末班主任会讲话稿)

创业创新，校企合作，协同育人促学生发展

——青岛十七中学生创业体验实践课程教学案例

为深入贯彻习近平总书记关于教育的重要论述，把创新创业教育融入人才培养全过程，全面提高人才培养质量，推动实现创新创业人才教育引领，校企合作，协同育人，我校融创业创新教育于学生发展，在现有生涯规划课程教育的基础上，开展与青岛中泰信大厦楼宇多家企业合作，给学生提供职业体验的机会，助力学生发展新格局。

一、创业体验背景

青岛十七中早在2009年就开始了生涯规划教育的探索，是青岛市最早的开展学生生涯规划教育的学校。从2010年开始在全校学生中进行“职业生涯规划”实践研究。2011年8月，学校成为“学生生涯规划指导实验”项目的试点单位。学校的生涯规划教育历经十几年的发展，已经形成完整的“一二三四”生涯规划课程体系：一条主线，即贯穿高中生成长发展轨迹；两大板块，即学业指导、职业生涯指导；三个层次，即高一成长觉察、高二成长探索与规划、高三成长决策；四种实现途径，即学科渗透、信息收集、实践体验、自我反思。基本实现了学生学业、德育、实践为一体，学校、社会、家庭有机融合的教育模式。

实践类课程是学校生涯规划教育的一大载体，目前，青岛理工大学实验室、阿里巴巴青岛总部、南车集团青岛股份有限公司、青岛海尔集团、青啤集团、青岛质量监督与检验研究院、中车集团青岛车辆研究所有限公司和青岛水务集团等多家企事业单位为学校生涯规划课程社会实践基地。2020年学校作为青岛市“首批生涯教育实验学校”，把学生生涯规划教育向纵深方向发展推进。

为进一步完善我校的创业体验实践课程，为学校在新时期的发展加油助力，培育更多国家需要的新时代人才，以校企党建合作模式，实现协同育人，学校开拓创新与青岛中泰信大厦中多家企业合作，开展了学生生涯规划创业体验活动，开创了青岛创业教育的先河，师生家长及社会反响较好。

2021年6月23日下午，青岛十七中党总支与中泰信大厦楼宇党委在学校敦行楼研讨室举行党企共建签约揭牌仪式。此次校企合作通过推进双方党建共

建协同育人实践基地建设，探索学生生涯发展新模式。双方共同签署党建共建协同育人协议，双方举行了协同育人实践基地揭牌仪式，安伯贞校长、王清令书记为企业代表颁发了青岛十七中育人导师聘书。

图 11　党企共建签约揭牌仪式

二、创业体验目标

学校本着“资源共享、优势互补、创新发展”的原则，通过推进与青岛中泰信大厦楼宇党建共建协同育人实践基地建设，实现“聚力发展、协同育人、成就未来”的发展目标。通过推进双方协同育人实践基地建设，助力实现创业创新型人才的培养目标，探索学生生涯发展新模式。

图 12　创业体验开训仪式

图 12　创业体验开训仪式（续）

此次活动为广大学生了解各行各业、近距离走进社会搭建良好平台，进一步深化学生对不同职业的认识，关注自我成长，关注职业选择和未来发展，对自身高中阶段的生涯规划有准确定位和奋斗方向。各企业与学校紧密合作，为祖国发展培养出更多优秀人才共同助力。同时，同学们能够利用课余时间服务社会、提升自我的精神品质。

三、创业体验内容

青岛十七中与青岛中泰信大厦协同育人实践基地的建设，为学生提供创业体验的单位，有上亿资产的公司，也有培训机构、私人公司，还有社区卫生服务中心，残疾人服务中心等。涉及教育、医疗、文化传媒、橡胶、建筑、养老、房地产等行业，体验行政助理、课程顾问、造价工程师、建筑设计师、摄影摄像师助理等不同岗位。学生们通过在企业内部的观察和学习，进一步了解各个岗位，清晰未来的职业选择。

通过激发学生的择业意识、创业意识，明确教育内涵，使其在未来的社会生活中能够善于把握各种机遇。学校和企业加强组织领导，提供积极向上、具有行业特点、可助力高中学生职业生涯规划高效认知的实践岗位，并配备创业实践导师。

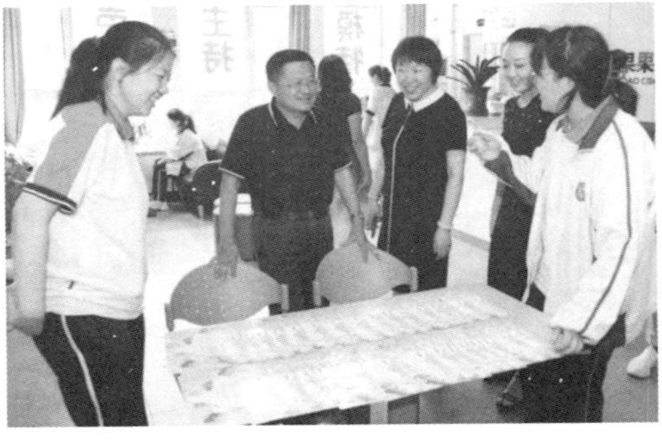

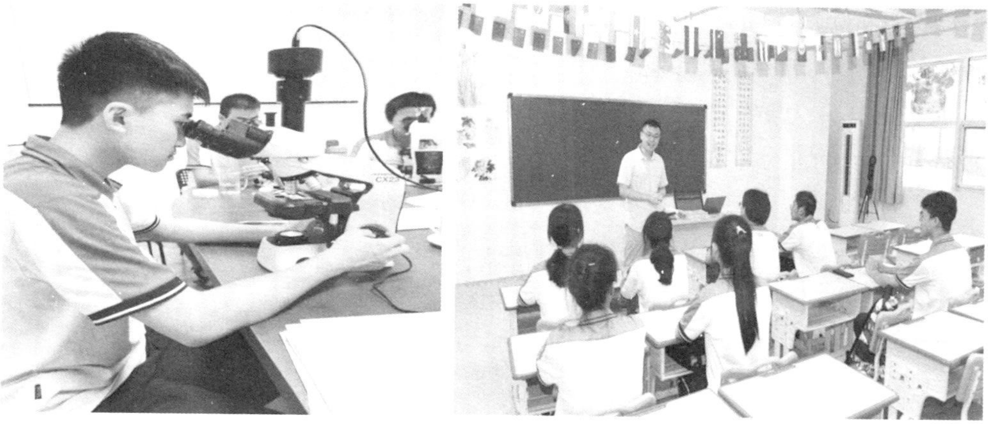

图 13　学生在中泰信大厦不同单位职业体验

四、创业体验过程

为进一步完善我校的创业实践课程，提升学生对职业的认知和感受，便于学生清晰未来职业选择，学校领导干部到中泰信大厦做了多次的考察调研，与中泰信总负责人和各企业老总进行商讨对接，最终确定了学生进行创业体验和社会实践的企业有青岛中泰信实业有限公司、青岛橡建工程有限公司、北京思泰工程咨询有限公司、青岛宸光文化传媒、家佳康健康医疗管理公司、长基医疗器械有限公司 、青岛橙果果艺术公司、青岛智慧小牛教育咨询有限公司、中农国发集团食安（青岛）商贸有限公司、得壹游泳健身俱乐部、关爱人家、乐芙口腔医院等。

图 14　上岗前培训强调

学生根据自己的兴趣和将来职业方向，暑期前高二学生对近40个职业体验的企业岗位进行了自主选择，为学生做好了生涯规划课程——创业体验活动的充分准备。

7月12日，高二学生分5批次近300人到青岛中泰信大厦的12家公司企业开展了为期10天的暑期创业体验实践活动，同学们跟着实践单位进行职业体验，从上下班时间、午餐保障到上班内容上，与正常员工保持一致，进一步深化学生对不同职业的认识和自身准确定位，学生们在职业体验中，走出学校与社会亲密接触，所思、所想、所做充分激发学生潜能潜质。活动结束后每位学生撰写了研究性学习报告，并对此次的活动进行了总结。学校也调研汇总了学生创业体验的收获、存在问题和改进措施。

青岛十七中职业体验实践基地统计表

1.中泰信实业：6-8人/批
行政助理6-8人/批 时间2-4天
2.长基医疗：3-5人/批
商务助理岗2人/批
质量管理助理岗2人/批
开发助理岗2人/批
3、北京思泰+青岛中新正：10-12人/批
培训讲师 2人/批
课程顾问 5人/批
资料员 2人/批
造价工程师 2人/批
档案管理员 1人/批
招投标专员 2人/批
4、青岛橡建工程：5-10人/批
实践岗位：
行政助理5人/批
建筑专业设计5人/批
结构专业设计5人/批
给排水专业设计3人/批
电气专业设计5人/批
动力管道及暖通专业设计5人/批
5、金华路佳家康社区卫生服务中心：5-8人/批
健康管理师2人/次
药剂师1人/次
输液护士1人/次
预防接种护士2人/次
6、青岛橙果果艺术有限公司：5-10人/批
课程顾问4人/批
市场销售10人/批
美术，舞蹈老师5人/批
7、青岛宸光文化传媒：3-5人/批
平面设计师助理1-2人/次
3D设计师助理1-2人/次
活动执行项目助理1-2人/次
行政助理1-2人/次
摄影摄像师助理1-2人/次
视频剪辑师助理1-2人/次
文案策划助理1-2人/次
8.小牛教育；5-10人/批
市场宣传2-5人/次
幼儿教师2-5人/次
小学教师2-6人/次
文案编辑助理2-4人/次

图20　职业体验岗位名单和统计

图15　公司培训与学生体验

五、创业体验感悟

此次创业体验活动是学生走出学校、走向社会、接触社会、了解社会的良好形式，也是学生修身养性，树立服务社会思想的有效途径，有助于高中生对未来的职业规划和职业目标的确立。学生感悟颇多，学到的知识受益终生，深切感受其中的“工匠精神”和职业道德，用其中的精神激励自身、回馈社会。

创业体验案例 1：我参加的职业体验项目是在佳家康社区医院当药剂师。与其说是药剂师，不如说是一个全能的“打工人”。我和同学不仅帮忙把病例装订好和整理文件袋，而且还给来打疫苗的人进行血压的测量，为病患寻找医师等工作。这些工作虽然看起来很简单，但是当你做起来的时候就会发现并不简单：你不仅要为不懂的患者解释，而且遇到态度不好的患者也不能急躁。工作之余，我也了解到了医生的工作强度以及工作的意义，我对她们这些白衣天使立马有了一股敬佩之情。将来我也要做一名为社会服务的人。（高二 7 班林百禾）

图 16　学生在佳家康社区医院职业体验

创业体验案例 2：活动过程中，令我印象最深刻的是老师为我们讲解开发工程的部分，最主要的就是将数学逻辑转化为程序语言，程序控制系统，由程序编出，再导入到自己的电子设备里。程序涉及生活的方方面面，涉及方向广，深度广。当修改一个 bug 时，会有非常大的荣誉感，但是需要时刻更新自己的知识。一天下来，我受益匪浅，了解到了许多新的知识，如财务、开发、质量体系等等。我这次选的职业体验是医疗方面的，因为我未来的职业规划就是医学方面的，此次职业体验必将对我的未来发展起到积极作用。（高二 3 班魏筱澄）

图 17　学生在橡建工程有限公司职业体验

创业体验案例 3：这两天在中泰信长基医疗的职业体验令我学习到了许多平常接触不到的东西，对于自身的职业规划领域方向有了更加全面的认知。学习到了许多有关医疗方面更加详细权威的内容。整个过程从一开始对各个部门工作的茫然，到逐渐地可以进行一些简单的数据分析与协助，使我切实体验到了现代医疗器械在实际工作中的具体作用。这其中既有着对生物知识的运用，也包含了销售时对市场的理解。质量体系，电子元件制作，医疗分析程序编写，每一项活动都令我受益匪浅。通过职业体验，我不仅认识到了如何将所学知识与实际相结合，也体会到了在职场工作中的一些别样生活体验，本次活动可谓是让我成长颇多。（高二 8 班　李翰林）

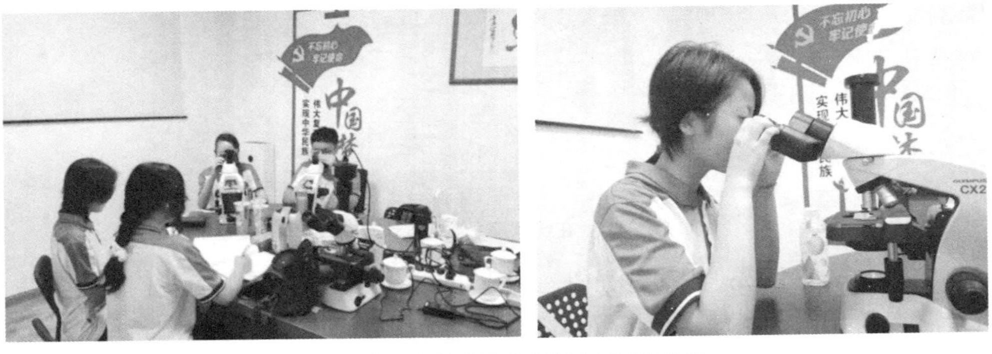

图 18　学生在长基医疗有限公司职业体验

创业体验案例 4：我被分配的职务岗位是行政助理。我们随着工作人员去学习他们的工作过程，观看他们如何帮助其他部门对管道等机器的维修，让我意识到这些工作并没有想象中的轻松，并不像别人眼中那么光鲜亮丽。我们还随着部门的分配，来到宣化路社区当志愿者，帮助社区人员向社区内的居民打电话统计疫苗的接种情况，第一次接触到这种工作，刚开始感到十分新鲜，可随着电话的不断拨出，新鲜感逐渐退去，随之而来的是疲惫与心累。两天的职业体验让我体会到了工作的辛苦，丰富了自己的社会经历，希望以后还会有机会参与这样的活动。（高二 2 班　王胜利）

图 19　学生在宣化路社区党群服务中心当志愿者

创业体验案例 5： 我参与社会实践的岗位是面向残疾人，为残疾人提供服务的关爱人家。负责人自身也是位行动不便的残疾人，我深刻认识到该企业成立的意义所在。不管是填表，还是整理表格，或干些琐活，我都全身心投入其中，因为我知道自己所付出的一点一滴都会为残疾人这个群体带来一点帮助。以后的日子里，我会尽己所能关爱社会弱势群体，营造和谐温暖的社会氛围。（高二 5 班　解金山）

图 20　学生参与公司事务并旁听公司办公会议

创业体验案例 6： 我们在北京思泰企业有限公司学习房屋绘图，一台电脑，一本图纸便是我们今天的主战场。老师为我们演示柱、梁和板的具体画法，起初我们操作缓慢，不能理解图纸中符号和数据的含义，在老师的耐心指导下，我们渐渐找到了它们的规律，几张电子的房屋构造图终于被我们绘制出来。今天的职业体验中我们明白了工作的不易，近距离与职业接触，提高了我们的综合能力，令我受益匪浅。（高一 1 班　冷昊阳）

图 21　学生在北京思泰企业有限公司学习房屋绘图

创业体验案例 7： 我入职橙果果艺术有限公司，选择了舞蹈老师这一行业进行学习。刚开始老师给我们展示了她的教案，随后我们又跟着她进入了舞蹈课堂。职业体验中，我们跳脱出学校传统书面课堂，进入一个全新的社会职业课堂，让我们体会到了身为老师这一职业的不易。他们安排我们推广街边介绍、绘画素材塑封等工作，我们欣然接受，斗志十足。“纸上得来终觉浅，绝知此事要躬行。”社会实践使同学们找到了理论与实践的最佳结合点。推广工作中，我们曾遭到拒绝，但也获得过帮助，曾灰心丧气但也能立刻投入下一个目标。在活动中历练，在历练中成长，从不敢开口介绍到询问时的对答如流，这是一次成功的走进职业体验，也是一次成功的自我突破。（高二 8 班　傅瑛卓）

图 22　学生在职橙果果艺术有限公司教小朋友学习

创业体验案例 8： 在学生时代体验职业确实是一件新鲜与好奇的事，很荣幸，我们十七中这个暑假可以进行一次这样的实践活动。根据自身兴趣爱好，我选择了宸光文化传媒公司，这个公司负责本年青岛的啤酒节策划。上午与公司人员共同制作了啤酒美食嘉年华的节目单、时间表等一系列设计方案；下午，我们亲临现场，在啤酒美食嘉年华城力所能及地做了一些工作，虽然晚上工作到九点多，但我们见证了自身能力的突破。社会职业实践让我们切身体会到工作的辛苦，同时也磨炼了我们的意志，感受到踏入社会工作的不易，感谢学校和公司让我们参加了这一次意义非凡的实践活动，收获颇丰。（高二 2 班 王颢运）

图 23　学生在宸光文化传媒有限公司职业体验

创业体验案例 9：身为一名普通高中生的我进入一家健身企业，成为一名销售人员。健身教练先教授我们专业知识，经理告诉我们专业知识是成功的第一步。下午经理从多个角度教我们如何销售产品，并让我们跟随销售人员一起外出宣传。通过本次职业体验活动，我了解了健身并不仅仅是身体上的锻炼，更重要的是还伴随着专业技能的学习、心智的锤炼、情感体验的丰富、人际交往的进步等等。所有事都如同健身，只要坚持必有收获。通过这次的职业体验活动，我们逐步了解了社会，开阔了视野，增长了才干，并在社会实践活动中认清了自己的位置，发现了自己的不足，对自身价值进行了客观评价。（高二 1 班　邓洪岳）

图 24　学生在健身俱乐部职业体验

创业体验案例 10：我体验的工程造价师这一职业，主要工作任务是根据要求绘制建筑的相关草图，依据草图估算此建筑的市场预值。这次职业体验让我感触最大的便是精益求精。这一职业对工作人员的认真负责程度有很大的考验。我们必须细致到每一块木板，每一块钢筋，甚至是每一个小螺丝钉。如果不小心弄错一个数据，就可能会因为报价错误而对企业造成重大损失。因此，我认为的工匠精神正是这种兢兢业业、一丝不苟的工作态度。在工作过程中，要以“没有最好，只有更好”为宗旨，不断做到精益求精。（高二 9 班　韦力玮）

图 25　学生体验工程造价师职业

六、创业体验收获

300 人 10 天深入 12 家企业的职业体验，是青岛市实践教育课程中的一大突破，是学生创业教育落实落地的一大创新，为学生的职业生涯规划和全面健康的发展起到了无可替代的作用。

创业体验收获一：见证发展，坚定信念。亲身了解社会，从社会发展看国家的发展，更深刻认识到党在社会主义建设化建设过程中的伟大，树立起坚定的信念。拓宽看世界的视角，树立正确的意识形态和世界观。

创业体验收获二：接触社会，规划职业生涯。学生们跳出学校传统书本课堂，进入一个全新的社会创业课堂，通过面向社会的职业实践，逐步了解了社会，了解职业，开阔了眼界，增长了才干，使学生对高中阶段的选课走班和未来的生涯规划有了准确定位和明确目标，为学生的幸福人生奠基。

创业体验收获三：职业体验，体悟劳动。校企合作党建联合的方式，为学生搭建了这样一个职业体验良好的平台，让同学们对岗位有一个认知，体会从学生身份转变到工作者的身份会是怎样的，体验进行工作的不容易，从更深处感悟劳动的意义，体会到生活的艰辛和不易，更加懂得学习的重要性。

创业体验收获四：精益求精，传承“工匠精神”。创业体验让同学们体会到精益求精的精神。认真细致做好每项工作，树立“工匠精神”，工作中，要兢兢业业、一丝不苟，以“没有最好，只有更好”为宗旨，不断做到精益求精。学生懂得要把“工匠精神”与学习相结合，一丝不苟，认真刻苦努力学习。

创业体验收获五：亲身实践，知行合一。学生创业体验，把学科知识与社会实践相结合，真正做到了知行合一，实践过程中学着与人沟通交流，做人做事方面都有了较大的提升，懂得要服务社会、奉献社会，培养良好的行为品质。

创业体验收获六：唤醒探索意识，激发学习动力。同学们参与其中，进一步了解自己感兴趣的职业和专业，唤醒了职业和专业探索的意识，激发了学习动力，为未来的专业选择提供更多信息和参考依据。这不仅有益于同学们在未来工作岗位中找准定位，发挥自我才干，更对有助于报效社会、报效国家。

图 26　班级学生在中泰信大厦前合影

七、创业体验存在问题

学生的职业体验是真正将读书和实践相结合，校内和校外相结合的非常有意义的一次活动，真正把育人目标的途径落地，有些学生适应工作岗位能力快，工作和谐愉快，收获颇多，但是也出现了一些问题，是我们在学校里无法发现的，值得我们思考。

创业体验问题一：生存能力缺乏。中泰信大厦位于学校后面三四百米的距离，步行6分钟，早上9点上班，连续几天有3名学生10点半才到工作单位，老师不停地与家长学生联系，学生迟到的原因是坐倒车了。不少学生怕找不到地方，特意让家长送到单位。家长的包办太多，导致学生的自理自立的生活能力欠缺。

创业体验问题二：沟通能力不足。不少学生面对陌生的环境，角色的转变不知所措，不知该如何与企业员工和领导沟通，只好不吭声地做着公司安排的工作，闲暇时一直捧着手机自己独处，不懂得融入环境，多与人沟通。

创业体验问题三：价值观缺失。一名在健身俱乐部实习的学生，当被安排外出发传单时，非常气愤，扬言道："除了像我爸妈坐办公室的工作之外，其他的工作都是'下贱'的工作！"家庭教育与学校教育应加强学生思想的建设与引领，让学生树立正确的价值观与人生观。

创业体验问题四：服务意识不强。有几名学生到残疾人服务中心工作，看到不是自己理想的工作，不打招呼的情况下溜走了。学生对不同层次人的尊重应该加强，应培养他们服务社会、奉献社会的主人翁意识。

创业体验问题五：利己主义存在。有学生留下来加班，向公司索要晚饭和路费。企业无偿给学生提供实践岗位，拿出时间、腾出地方给学生做培训和指导，他们做的是服务社会，支持国家教育与人才发展的慈善之举。在国外学生争取到这种实践机会要花钱，而且还要面试竞聘上岗的。学生只站在自己的角度去考虑问题，把别人的付出当成理所当然。

八、创业体验反思提升

少年强则祖国强，学生是国之栋梁，学校教育，是努力培养具有强健的体魄、顽强的意志，形成积极健康的生活方式和审美情趣，具有独立生活的能力、职业意识、创业精神和人生规划能力的人。

创业体验反思一：树立正确的价值观。真正把立德树人的根本任务落到实处。学生教育要以德为先，在学生的思想品德和健全的人格品质放到重要位置。把思想建设，融入学科教学、学生活动与日常生活中，使他们能成为有创造力、发展力和坚韧不拔精神的主力军，都能成为有正能量的人。

创业体验反思二：加强思想品格建设。学校要不仅抓常规，搞活动，更要注重学生学习行为习惯和品德教育。作为老师，不能眼中只盯着孩子的学习成绩、遵守纪律，要在教学中渗透德育，在品德修养上下功夫，真正实现全员育人、全过程育人、全方位育人，我们要把学生培养成具有大爱、大德、大情怀的人。

创业体验反思三：具备较强的学习能力。用心学习，学会用方法去学习。工作和学习一样，单纯有意识、激情是不够的，一定要用心去学。遇到困难和问题，要有坚韧的精神和抗压能力，要努力地去克服，遇到不会的内容，需要用心、坚持不懈地去钻研。

创业体验反思四：充分利用社会资源。挖掘社区范围内优质企业，建立健全实验基地企业优选机制，加强创新创业实践基地和学生职业体验项目等开发建设，加强协同育人，合力推进创新创业教育，使合作交流常态化、制度化、持久化。

创业体验反思五：创新创业形式和内容。充分利用企业家、劳模等资源，开发利用各种创新创业故事资源，通过活动、思政课、社团文化节等形式，开展“创业好故事”“企业家进校园”等活动，引导青少年学生深入了解企业家精神，培养他们敢闯会创、敢冒风险、坚韧不拔的意志品质，增强团队合作意识、法治和契约精神。学校利用自身条件，充分发挥教育资源优势，为企业职工提供教育信息指导、家庭教育心理辅导、文化宣传活动、文体场地活动等支持。

伴你成长、守望成长·六个一

——青岛十七中全员育人导师制案例

为更好地贯彻落实全员育人、全过程育人和全方位育人的教育理念，青岛十七中创新德育教育内容与形式，在全校开展“伴你成长·六个一”教师体验周和“守望成长·六个一”亲子系列活动，受到了学生们的欢迎。老师和家长们用真情和爱心陪伴学生成长，让所有学生都感受到爱的温暖。学校教育与家庭教育的共助共促，使全员育人导师制扎扎实实地开展，真真正正地落实，实实在在地见效。

一、全员育人导师制总体目标要求

全员育人导师制是学校落实全员德育的重要抓手，是构建学校教职员工全员参与德育、全面关心学生健康成长的协同育人机制，旨在通过师生双向选择等方式，为每名学生确定导师，对学生的学习生活、心理健康、生涯规划等各个方面予以指导，引导学生学会做人、学会生活、学会学习、学会合作，使学生个性发展得到保障，全面提高学生综合素质，为学生终身发展奠定基础，从而进一步推进素质教育，为教育优质发展注入动力，提升育人实效，形成全员育人特色。

二、全员育人导师制实施的现实意义

(1) 全面落实“一岗双责”制度。教师担负着教书和育人的职责，教师要回归教育的初心，坚持以人为本，把立德树人放在首位。全员育人导师让所有的老师都参与学生全面成长，尊重学生个体差异，促进师生沟通交流。

(2) 促进学生全面健康发展。坚持面向全体学生，以学生为主体，以教师为主导，构建民主、平等、和谐、融洽的师生关系，引导学生做学习和生活的主人，培养学生人格健全、行为自律、学习自主、生活自理、心理自强的良好品质。

(3) 促进教师提升职业幸福感的需要。教师的职业幸福感来源于教育教学的使命感、学生的感恩回馈、工作的成就感。导师制的有效实施能够让教师充

分体验教师职业的幸福感，激发教师教育的创造性，保持教师的激情与活力。

(4) 推动新高考、课程实施的需要。新高考改革下，高中学生面临选考科目、专业志愿的选择，从高一起就要对个人的生涯规划做出思考。而大部分学生及家长在这方面缺乏相应了解，学生亟待专业人员提供帮助。

(5) 拓展全员育人渠道。改变过去重学业，轻育人的现象。与学生深入交流，实现“全员、全程、全方位” 育人，充分利用家长和社会资源，建立健全学校教育、家庭教育和社会教育“多位一体”的联合育人协作机制。

三、全员育人导师制实施的主要任务——“五导”

(1) 思想引导。引导学生树立正确的世界观、人生观、价值观，培养和提高学生的思想素质；经常检查和督促学生的行为习惯，帮助学生形成良好的道德品质，特别是要促进责任感、诚信与感恩等优秀品质的形成，为其终身发展奠定基础。

(2) 学业辅导。按照学生的个性特点和学业基础制订学习与发展计划，介绍科学的学习方法，引导学生有效地自主学习，养成良好的学习习惯；定期向班主任和其他任课教师了解该生情况，帮助学生解决学业上的困难；定期帮助学生进行学情分析，找出问题，提出对策。

(3) 心理疏导。帮助家长及时发现孩子的心理问题，并通过谈心谈话及时了解学生生理、心理上的困惑，疏导学生不良情绪，化解学生心理压力，积极引导学生正确对待成长中的挫折和烦恼，培养学生阳光心态和健康向上的精神风貌，真正做到为学生排忧解难。

(4) 生活指导。关心学生生活，经常与学生家长沟通，了解学生的家庭情况，积极争取多方协助，竭尽全力帮助学生解决生活中的困难。

(5) 成长向导。帮助学生分析自身优缺点，全面认识自我，完善自我；确立成长目标，真正实现自我。根据学生个性特点，做好学生生涯规划指导，为学生的终身发展引路和奠基。

四、全员育人导师制实施举措

(一)“伴你成长·六个一”教师体验周活动

1.“角色转换”

学生根据自己的喜好选择自己导师，每位导师至少选 1 名学生进行结对体验，体验周里导师化身“学生”身份，与结对学生共同完成“六个一”:

（1）至少和学生一起听课 2 节；

（2）与学生进行一次谈心；

（3）和学生共同参加一项活动；

（4）陪学生用餐一次；

（5）和学生一起跑操一次；

（6）帮学生解决一项难题。

以上各环节要求教师在《“伴你成长·六个一”教师体验周记录表》中做好相应记录，活动过程中用手机记录下与孩子相伴的珍贵时刻。

图 27　教师和学生共同完成“六个一”活动

图 27　教师和学生共同完成“六个一”活动（续）

2. “师生寄语”

由学校统一印发卡片，师生互相填写，并赠予对方，倾听彼此内心最真挚的声音。

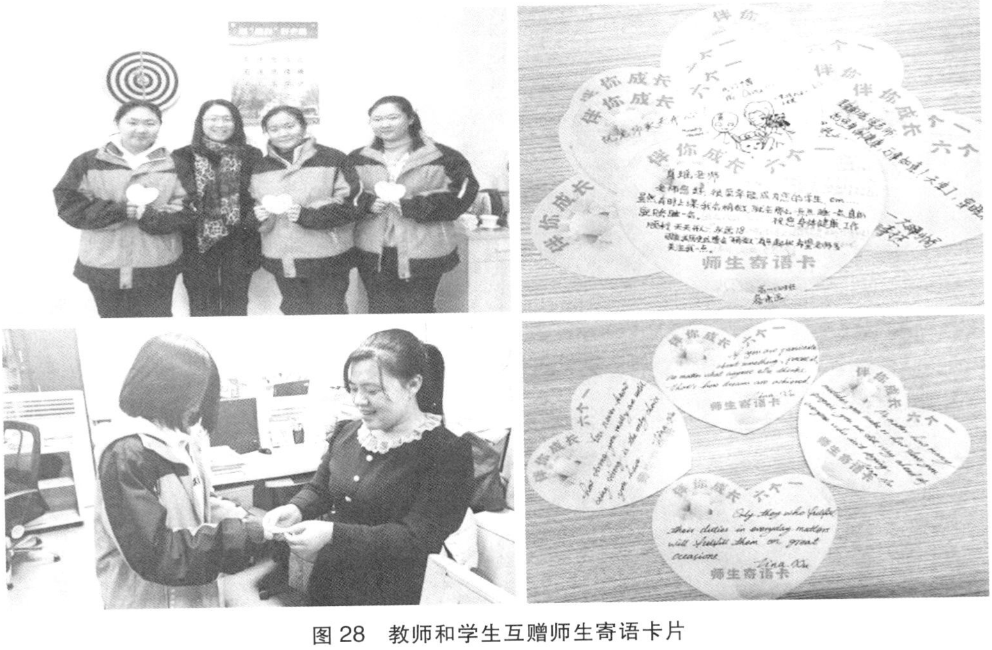

图 28　教师和学生互赠师生寄语卡片

3. “所思所悟”

教师撰写导师制教育感悟，学校精选后统一编印成册，以文字的形式记录下全员育人导师制活动带来的切身体会与感悟。

图 29　教师撰写体验感悟

4. “主题交流”

在“尚美讲堂”教师论坛上，选取部分教师的体验感悟与所有教师共同交流分享。

图 30　全员育人导师制启动仪式和总结会

（二）“守望成长·六个一”亲子系列活动

1.“亲子相伴”

为充分发挥学校育人的核心、示范、引领、辐射作用，不断拓展全员育人的渠道，壮大育人导师队伍，学校开展全员育人家校共育活动，将“伴你成长·六个一”这一活动形式延伸至家庭教育中，开展姊妹篇——“守望成长·六个一”亲子系列活动，即

（1）陪孩子共读一本书；

（2）陪孩子共看一部电影；

（3）陪孩子共做一次家务；

（4）陪孩子共做一次运动；

（5）陪孩子共写一封信；

（6）陪孩子做一次深入交流。

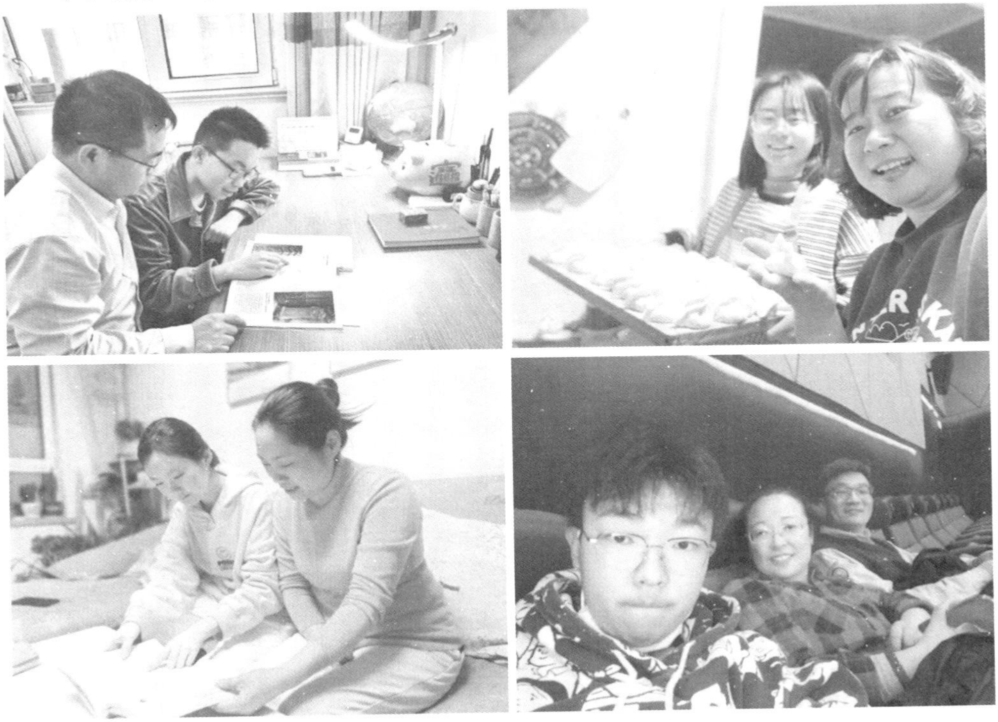

图 31　家长守望孩子“六个一”活动

2.“亲子寄语”

由学校统一印发信纸，亲子互相写信，并赠予对方。执笔为书，落字入心，鼓励父母与孩子以书信架起沟通交流的平台，抒发内心的真挚情感。

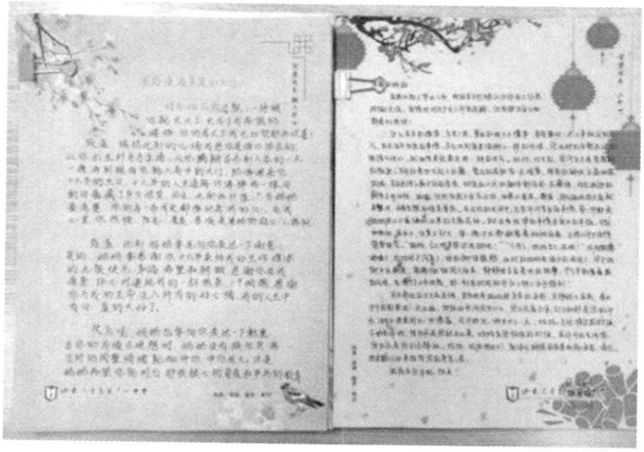

图 32　父母与孩子互赠书信

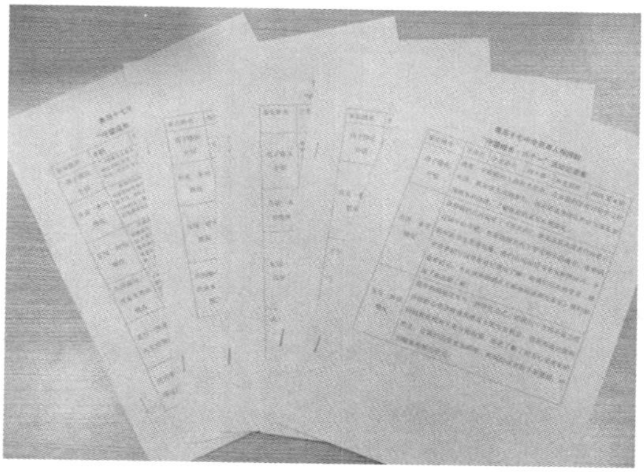

图 33　亲子活动记录表

3. “所思所悟”

家长撰写育子教育感悟，学校精选后统一编印成册，使大家一同学习分享家庭教育心得。

图 34　家长撰写育子教育感悟

4.“主题交流”

在微信“家校共育”板块中，选取部分家长的体验感悟与所有家长共同交流学习。

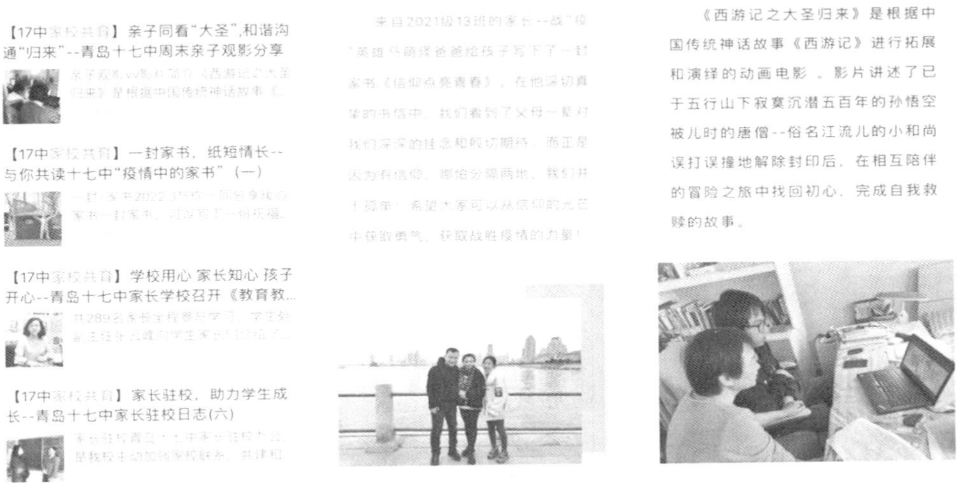

图35 微信“家校共育”中分享育子心得

五、全员育人导师制实际成效

（一）教师角色转变抓实全员育人导师制

（1）全校教师化身“学生”，与学生一起上课、一起用餐、一起跑操、一起参加活动，进行一次谈心，帮学生解决一项问题，许多师生在活动过程中成了亲密无间的好友，构建起悦纳和谐的师生关系。

（2）走近学生，教师更容易关注到学生学习、生活和心理发展的每一个细节，从而给予全面的指导，真正实现“教书”与“育人”并举，该活动已成为学校落实全员育人导师制的一项特色。

（3）全校教师在“伴你成长”体验活动中，通过角色转换，换位思考，对学生进行全方位指导的同时更好地为学生全面发展服务，参与教育、担任导师，用真情和爱心陪伴他们成长，让所有学生都感受到师生情的温暖。

（4）“伴你成长·六个一”这一创新性的行动，体现了学校对全员育人的深入思考，实现了全员育人理念更有效的落实，让老师真正由学生学业导师变为人生成长导师。

（二）家校共育拓宽全员育人导师制

（1）和谐友好的亲子关系、师生关系有助于为学生营造温馨的家庭环境和积极的校园环境。家长和老师们不缺位、不错位，共同陪伴助力学生的全面发展。

（2）通过书信等形式，搭建了亲子之间表达交流的机会，不易当面诉说的心里话有了抒发出来的宝贵机会，让孩子和家长充分交流，了解了对方真实的想法，使他们的爱更加浓厚。

（3）家长更加意识到陪伴守望孩子的重要性，关注亲子间的情感交流、探讨教育目的、关心孩子成长经历，家长的赞赏的语言会给予学生莫大鼓励与鞭策。

（4）家校共育，目标在“育”。活动的开展调动了学生家长参与学校教育的热情，丰富了家庭教育的内涵，获得了家长对学校管理和发展的支持，增进了对学校教育教学目标的认同，实现家庭教育与学校教育的互助互促。

六、全员育人导师制经验启示

（1）全员育人导师制对于担任导师的教师而言，是一种挑战，更是实现教书育人的一种途径与机会。教师们不仅要有促进学生发展的使命感，更要有指导学生发展的正确思想，有开展科学指导的策略与方法。教师要做有“情怀”的教育，让“育人”真实地发声，让学生都成为有“家国情怀”的人。

（2）全员育人旨在通过课程育人、文化育人、活动育人、实践育人、管理育人、协同育人的路径去实现学生的全面而有个性的成长。课程育人要放在第一位，课堂是育人的主阵地，老师们要充分发挥课堂作用，把德育教育融入学科教学中，在教学过程中指导和教育学生学会做人做事。

（3）父母是孩子的第一任老师，家庭教育是一切教育的基础。良好的亲子沟通，和谐的家庭氛围以及正确的教育方法，对于孩子的成长尤为重要。家长要懂得怎样更好地与孩子沟通，让孩子在求知、交友、做人、自我修养等方面都获得良好的教育，把孩子的潜力激发出来。

（4）家校共育，关键在“共”。学校和家庭的互相配合程度，影响着孩子的成长和发展。家长与学校相互尊重、相互包容，家校合作协同育人，教师与家长之间架起一座心意相通的桥梁，定能达到“1+1>2”的效果。

参考文献

［1］教育部. 普通高中英语课程标准（2017 年版）［S］. 北京：人民教育出版社，2017，13.

［2］王蔷. 英语学科素养内涵探析.［J］. 中学外语教与学. 2019（10）：3–6.

［3］程岚. 基于核心素养的中学语文文学阅读课程实践与思考［J］.中学外语教与学. 2019（10）：16–20.

［4］王蔷. 促进英语教学方式转变的三个关键词："情境""问题"与"活动".［J］. 基础教育课程. 2016（3 上）：45–50.

［5］郭强. 高中英语以读促写教学模式的实践探索与思考［J］. 中小学外语教学（中学篇）. 2016（3）：35.

［6］程晓堂，赵思奇. 英语学科核心素养的实质内涵［J］. 课程教材执法，2016（5）：79–86.

［7］侯晓静. 文学名著对学生英语学习的影响［J］. 湖北广播电视大学学报，2011（7）：134.

［8］何卉玲. 新课程背景下高中英语阅读教学改进的策略探究［J］.中学生英语（教师版），2014（19）：58–59.

［9］王蔷. 核心素养背景下英语阅读教学：问题、原则、目标和路径［J］. 英语学习，2017（2 下）：19–23.

［10］黄振远，程岚. 英语文学体验阅读 READ 教学模式建构研究［J］. 外语界，2013（1）：11–19.

［11］程岚. 基于核心素养的中学语文文学阅读课程实践与思考［J］. 中学外语教与学. 2019（10）：16–20.

［12］傅山云. 高中英语文学欣赏教学实践研究［J］. 英语教师，2012（11）：2–5.

［13］陈永芳等. 英语阅读教学中的策略培养：体验与提升［M］. 杭州：浙江大学出版社，2014.

［14］崔允郭，雷浩. 教—学—评一致性三因素理论模型的建构［J］. 华东师范大学学报：教育科学版，2015（4）：15–22.

［15］顾素芳. 立足文本随文练写——高中英语课堂教学中的读写结合［J］.

教学月刊（中学版），2013（2）：35-39.

［16］郑玲晓，朱嫣然. 基于语料库的中考英语完形填空测试内容效度研究——以宁波市2012—2019年中考英语完形填空试题为例［J］. 教育测量与评价，2019（10）：49-55.

［17］张艳，卢庆广. 基于学科核心素养的初中英语翻转课堂教学模式探讨［J］. 中国教育技术装备，2019（13）：106-108.

［18］关少斌. 教育信息化背景下基于移动终端的初中英语听说课教学的应用研究［J］. 英语广场，2019（10）：160-161.

［19］季莹莹. 初中英语"自主阅读+理解表达"的课堂教学模式研究——以牛津英语8A Unit7 *Escaping from Gork* 教学为例［J］. 中国校外教育，2019（29）：90-91.

［20］王淑敏，王淑霞. 县域初中英语学科文化素养缺失的原因调查及对策研究［J］. 教育实践与研究（B），2019（9）：49-53.

［21］黄薇. 2019，"以听促写"教学模式在初中英语写作中的应用探究——以Unit 3 *Protect the Environment* 为例［J］. 英语教师，2019，19（17）：117-121.

［22］骆北刚，耿佳艺. 元认知阅读教学模式在初中英语教学中的应用——以Unit 7 *Will People Have Robots*? 为例［J］. 英语教师，2019，19（17）：112-116.

［23］赵慧. 支架式教学法在初中英语课堂中的实践探索——以译林版英语七下Unit 5 "Amazing things" 教学为例［J］. 试题与研究，2021（31）：63-64.

［24］王亦君. 浅探高中英语写作教学法［J］. 校园英语，2021（23）：187-188.

［25］徐婉莹. 支架式教学法在高中英语阅读教学中的应用［D］. 哈尔滨师范大学，2021.

［26］王雨婷，周毕茹，陈依雯，庄晓敏. 支架式教学法在高中英语写作教学中的应用研究［J］. 海外英语，2021（10）：186-187.

［27］徐山燕. 国内支架式教学法研究综述［J］. 文教资料，2021（14）：180-182+150.

［28］杨圆. 支架式教学法在高中口语英语教学中的应用［J］. 智力，2021（3）：65-66.

［29］徐婉莹，马阿婷. 支架式教学法在高中英语阅读教学中的教学设计

[J]. 智力，2020（24）：20–21.

[30] 李缺捺. “支架式”教学法在高中英语写作教学中的应用 [J]. 语数外学习（高中版上旬），2020（8）：81.

[31] 何飞. 高中英语“以读促写”教学模式的创设实践分析 [J]. 名师在线，2019（33）：32–33.

[32] 付艳敏. 基于英语核心素养的高中英语读写实践与探究 [J]. 华夏教师，2017（23）：46–46.

[33] Chang，C.Y.&J.P.Sheu. Design and implementation of adhoc classroom and eSchoolbag systems for ubiquitous learning [DB/OL]. http：//140.115.126.240/mediawiki/images/5/51/ESchoolbag.pdf，2012–08–01.

[34] Brodersen，C.&B.G.Christensen.eBag：a Ubiquitous Web Infrastructure for Nomadi clearning，ACM [DB/OL]. http：//www.gronbak.dk/kgronbak/publications/uploads/eBag–www05–opt.pdf，2012–08–01.

[35] G. Chabert，J.Ch.Marty，B.Caron，T.Caron，L.Vigonllet，C. Ferraris. The Electronic Schoolbag：A CSCW Workspace. PresentationandEvaluation [J]. Al &Society –AIS.2006.http：//www.gronbak.dk/kgronbak/publications/uploads/eBag –www05–opt.pdf，2012–08–01.

[36] Christina Brodersen，Bent G.Christensen，Kai Gronbak，Christian Dindler，et al：eBag—a Ubiquitous Web Infrastructure for NomadicLearning [R]. World Wide Web Conference Series–www，2005.

[37] Damian Bebell，Rachel Kay.One to One Computing：A Summary of the Quantitative Results from the Berkshire WirelessLearning Initiative [EB/OL]. http://www.jtla.org

[38] Penuel，W.（2006）.Implementation and effects of 1：1 computing initiatives：A research synthesis. Journal of Research on Technology in Education，38（3），329–348.

[39] Rodolfo Argueta，Ed.D.，Jessica Huff，Jennifer Tingen，Jenifer O. Corn，Ph.d.（2011）. laptop initiatives：summary of research across states [EB/OL]. http：//www.fi.ncsu.edu/whitepapers.

[40] Paul Heinrich，Co Ltd（Education Consultants）. The iPad as a Tool for Education. Naace report supported by 9ine Consulting.

[41] Sarah Henderson J Y. iPad in Education：A case study of iPad adoption

and use in a primary school: 45th HawaiiInternational Conference on System Sciences [Z]. 2012.

[42] 李燕，张俊丽. 电子书包推广面临的问题研究 [J]. 中国教育信息化，2012 (20)：17–20.

[43] 蒋鸣和. 从“电子书包”到数字化学习 [N]. 中国教育报，2010–12–7 (4) .

[44] 苏丹. 虹口区电子书包教学模式及其应用研究 [D]. 上海：上海师范大学，2012：25.

[45] 谢丽红. 基于电子书包的互动教学研究 [D]. 上海：上海师范大学，2012：30.

[46] 陈志强. 我们 e 起去上学——台北市忠义小学的电子书包实验教学 [J]. 中国信息技术教育，2011 (21)：84–87.

[47] 吴根雁.《生生互动效应在英语课堂教学中的探索与尝试》. 中国西部科技，2003 (5)：69–70.

[48] 向晋榜. 电子书包的现状与发展中面临的问题 [J]. 中国教育信息化：基础教育，2011 (3)：60–65.

[49] 吴永和，祝智庭，何超.电子课本与电子书包技术标准体系框架的研究 [J] . 华东师范大学学报：自然科学版，2012 (2)：70–80.

[50] 张迪梅.“电子书包”的发展现状及推进策略 [J]. 中国电化教育，2011 (9)：87–89.

[51] 夏训芬. 自主学习能力的培养和发展——“电子书包”环境下小学英语课堂的实践与思考 [J]. 中国信息技术教育，2013 (3)：68–69.

[52] 毛迪. 探究电子书包在教学中带给我们的变革 [J]. 课程教育研究，2012 (15)：11–12.

[53] 张立春，焦建利. 学生对电子书包的态度及理解研究 [J]. 开放教育研究，2015 (2)：98–105.

[54] 祝智庭. 新技术手段给力学习方式的变革——华东师范大学祝智庭教授谈“电子书包”[J].中小学信息技术教育，2011 (2)：9–10.

[55] 祝智庭，郁晓华. 电子书包系统及功能建模 [J]. 电化教育研究，2011 (4)：24–27.

[56] 马莹. 电子书包雷声大雨点小 [N]. 中国图书商报，2010–10–26.

[57] 黎加厚.“电子书包”的遐想 [J]. 远程教育杂志，2011 (4)：111.

［58］高志丽. 电子书包将成为学习的主要工具［J］. 出版参考（业内资讯版），2010（5）：11–12.

［59］温树美. 信息技术教学功能初探［J］. 中国教育信化，2008（3）：28–29.

［60］教育部. 普通高中技术课程标准：实验［M］. 北京：人民教育出版社，2003.

［61］刘海阳. 关于凤凰电子书包的调研报告［J］. 数字技术与应用，2011（2）：115–116.

［62］胡卫星，田建林. 智能教室系统的构建与应用模式研究［J］. 中国电化教育，2011（9）：127–132.

［63］高志丽. 电子书包将成为学习的主要工具［J］. 出版参考（业内资讯版），2010（5）：11–12.

［64］邓晖，徐梅林. 网络学习环境之个性化属性调查及启示［J］. 现代教育技术，2003（1）：49–53.

［65］乔伊斯，威尔. 当代教学模式［M］. 太原：山西教育出版社，1991.

［66］叶澜. 教育研究方法论初探［M］. 上海：上海教育出版社，2014.

［67］朱小蔓. 小学素质教育实践模式建构与理论反思［M］. 南京：南京师范大学出版社，1999.

［68］徐显龙，苏小兵等. 面向电子书包应用的课堂教学行为模式分析［J］. 现代远程教育研究，2013（2）：86.